SUGA
ATSUKO
ESSAY

MILANO KIRI NO FUKEI
by SUGA Atsuko

이 도서의 국립중앙도서관 출판예정도서목록(CIP)은
서지정보유통지원시스템 홈페이지(http://seoji.nl.go.kr)와
국가자료공동목록시스템(http://www.nl.go.kr/kolisnet)에서 이용하실 수 있습니다.
(CIP제어번호: CIP2016027230)

밀라노,
안개의 풍경

Milano, paesaggi di nebbia

스가 아쓰코 에세이 | 송태욱 옮김

문학동네

| 차례 |

아련한 안개 냄새

도쿄의 겨울은 건조하지만 아주 드물게, 일 년에 한 번이나 될까 싶은 정도로 안개가 끼는 날이 있다. 밤에 일을 마치고 밖으로 나왔을 때 안개가 끼어 있으면 아, 내가 아는 냄새다, 라는 생각이 든다. 십 년 넘게 살았던 밀라노의 풍물 중 무엇이 제일 그리우냐고 물으면 나는 곧바로 '안개'라고 답할 것이다. 그런데 듣자하니 그 안개도 요즘 들어 차츰 모습을 감추는 모양이다. 밀라노 주민들도 뚜렷한 이유를 모르는데, 먼 옛날부터 민요나 대중가요에 등장한 안개가 어찌된 일인지 요 몇 년 사이 드물어졌다는 것이다. 난방에 중유를 쓰지 않게 되어서 그렇다는 사람도 있다. 정말 그럴까? 밀라노에 사는 일본인은 그런 안개는 없어지는 게 나아요, 하고 말하지만, 옛날부터 쭉 그곳에 살아온 밀라노 사람들은 왠지 모르게 쓸쓸해하고 있다.

벌써 이십 년도 더 지난 일이지만 내가 살던 무렵만 해도 밀라노 사람들은 런던의 안개 따위 밀라노에는 명함도 못 내민다며 자부심이 대단했고, 런던을 잘 아는 이탈리아 친구들도 그 사실을 인정했다. 해마다 다르지만 대체로 11월이 되면 눅진하고 정겨운 잿빛 안개가 찾아든다. 아침에 눈을 떠 바깥 차 소리가 어쩐지 먹먹하게 들려오면 아, 안개인가 싶다. 눈 오는 날의 고요한 분위기와도 다르다. 아침이 되면 안개에 젖은 매연이 자동차 몸체에 착 들러붙는다. 그런 날이 며칠씩 이어지다보니 겨울에는 아무리 세차를 해도 소용이 없다. 밀라노 차는 더러워서 어디를 가나 금세 알아본다며, 사람들은 그런 일로도 은근히 안개를 자랑한다.

저녁 무렵 창밖을 내다보고 있노라면 문득 안개가 자욱이 깔리곤 한다. 창에서 5미터도 떨어지지 않은 플라타너스의 가지 끝이 눈 깜짝할 사이 자취를 감추고, 끝내 굵은 줄기까지 짙은 안개 속으로 사라진다. 가로등 밑을 생물처럼 달려가는 안개를 본 적도 있다. 그런 날에는 몇 번이고 창으로 달려가 짙은 안개 너머를 내다본다.

밀라노에서 자란 남편은 안개 낀 날의 고요를 좋아했다. "gió per i poumon(폐 속 깊숙이)" 안개를 빨아들이면 밀라노 냄새가 난다는 내용의 사투리 노래를 자주 불렀다. 심한 음치라서 노래라기보다 두둥실 뜬 구름이 하늘을 맥없이 흘러가는 소리처럼 들렸다. 안개가 낀 날이면 곧잘 폴렌타를 만들었다. 폴렌타는 이탈리아 북부 특유의 요리인데, 남부에서는 북부 사람들을 멸시하며 '폴렌토네'라고 부르기도 한다. 끓는 물에 체로 친 옥수수 가루를 넣고 바닥에 눌어붙을 때까지 저어서 만드는 빵으로, 고기 요리를 곁들여 소스와 함께 먹는다. 직장에서 돌아온 남편은 현관문을 열자마자 폴렌타지? 냄새 좋은데, 하며 부엌으로 들어온다.

안개가 짙게 깔린 아침이면 남편은 오늘은 화창하겠는데, 하며 한껏 들떴다. 과연 오전 열시쯤 되면 거짓말처럼 파란 하늘이 얼굴을 내민다. "아름다운 날이면 롬바르디아의 하늘은 비길 데 없이 아름답다." 문호 만초니의 말이라고는 하지만 출처불명의 아포리즘을 읊으며 남편은 파랗게 갠 하늘을 미덥게 바라보았다.

그런 안개의 계절이 오면 공항도 완전히 무용지물이 되어버린다. 우리집에서 멀지 않은 리나테 주변은 유독 안개가 심해서 봄이 올 때까지 공항이 들판이나 매한가지였다. 일본에서 온 손님이 비행기가 밀라노에 착륙하지 못해 아주 혼났다며 투덜대고는 했다. 장거리 열차 시간표도 무용지물이다. 매연 냄새가 들러붙은 듯한 밀라노 중앙역에서 오지 않는 열차를 하염없이 기다린 적이 몇 번이던가. 자동차 운전도 안개가 자욱하면(이런 시적 표현은 사실 밀라노 말에 없다. 그저 안개가 있거나 없다고 할 뿐이다) 아주 힘들어진다. 가시거리가 2미터밖에 안 돼서 들길에 차를 버려두고 걸어온 날도 있을 정도다. 한번 안개 속을 헤매면 어디로 가게 될지 모르기 때문이다. 안개의 '둑'이나 '층'을 뜻하는 '방코'라는 표현이 있는데, 운전중에 문득 둑이나 담장처럼 안개 덩어리가 눈앞을 턱 가로막는 경우를 가리킨다. 운전자는 안개인 줄 알면서도 반사적으로 브레이크를 밟게 돼 겨울이면 도시에서 추돌사고가 끊이지 않는다. 안개의 '둑'은 도로 양쪽이 공원이거나 대형 교차로가 있는 곳에서 맞닥뜨릴 때가 많았다. 언젠가 밀라노 태생 친구와 차로 멀리 나가기로 약속했는데, 그날따라 안개가 지독했다. 오늘 나가지 말까, 하고 말하자 그녀는 내 얼굴을 보며 왜? 안개 때문에? 하고 이상하다는 표정을 지었다. 가시거리 10미터인 국도를 그녀는 태연히 시속 100킬로미터가 넘게 달렸다. '둑'에 부딪힐 때마다 내 발은 있지도 않은 브레이크를 밟았다. 하나도 안 무서워, 그녀는 말했다. 우리는 안개 속에서 태어났는걸.

또 언젠가 남편 친구들과 함께 저녁 초대를 받아 밀라노 남쪽 시골의 수도원에 간 적이 있다. 지금은 개발됐겠지만 당시 주변은 영화 〈쓰디쓴 쌀〉에 나올 법한 논농사 지대로, 마르치테라는 특수한 관개수로를 만들어 물에 반쯤 잠긴 밭에서 목초까지 재배하는 곳이었다(그래서 지역 사람들은 여기 쇠고기는 밍밍해서 맛이 없다고 말한다). 이곳 수로를 설계한 사람이 레오나르도 다빈치라는 것도 밀라노 사람들의 자랑거리다. 그런데 이 물이 또 안개를 만드는 주범이다.

그날은 한동안 만나지 못했던 친구와 함께 차에 타자마자 이야기에 정신이 팔렸다. 아차 했을 때는 이미 교외로 빠지는 고속도로를 지나친 뒤였다. 차를 돌리려면 한참을 우회해야 했다. 그래서 고속도로를 포기하고 안개 낀 시골길로 갈 수밖에 없었다. 처음에는 그럭저럭 괜찮았지만 갈수록 일찌감치 방향을 틀지 않은 것을 후회했다. 안개가 자동차 불빛을 반사한다는 것을 그때 처음 알았다. 운전하던 루치아는 자기 쪽 창을 내리고 갓길의 흰색 차선을 확인하며 달렸다. 이윽고 그 차선도 안개에 묻히자, 결국 동승한 사람 하나가 내려서 차 앞을 천천히 걸어가야 했다. 목적지에 간신히 도착하니 기다리다 지친 수도사들은 우리가 날짜를 착각한 줄 알고 있었다. 약속 시간보다 두 시간이나 늦었던 것이다.

로사 칼체키 오네스티가 우리집에 저녁을 먹으러 온 날도 그랬게 안개가 끼었다. 남편의 친한 친구 로사는 저명한 고전학자로, 그녀가 번역한 베르길리우스의 작품은 지금도 정평이 나 있다. 조그만 몸집에 뒤로 묶은 머리, 옷깃을 여민 블라우스와 주름치마, 오랜 고등학교 교사 생활에서 나오는 느긋하고 단정한 이탈리아어. 그녀는 이탈리아 중부 아드리아 해에 면한 소도시 레카나티에서 태어났다. 이탈리아인이라면 모르는 사람이 없는 18세기 낭만파 시인 레오파르디가 태어난 곳이다. 로사는 이를 자랑스러워했다. 아버지와 할아버지도 학자인 집안이었다. 보나라는 여동생과 함께 포르타 베네치아 번화가의 고풍스러운 아파트에 살았는데, 두 사람이 나란히 있으면 마치 한 가마에서 나온 자기 인형처럼 몸짓도 느낌도 판박이였다. 보나라는 이름은 칼체키 오네스티 가문에서 예로부터 전해져오는 토스카나계 이름이라고 설명해주었다. 그녀와 이야기하다보면 남편까지 선생님 같은 말투가 되었다. 나는 로사를 만나면 평소 궁금했던 이탈리아어 표현을 잇따라 물었다. 그러면서도 내가 그녀의 학생이었다면 아마 반항했을 거라고 늘 생각했다. 어른이 되어 만나 다행이었다. 때로는 고지식한 듯한 로사의 답변이 묘하게도 솔직하게 들려 나는 즐거웠다.

그날 밤 로사는 할 일이 남아 있으니 너무 늦기 전에 돌아가야 한다고 했다. 늦기 전이라지만 밀라노에서는 저녁식사를 보통 여덟시에 시작하므로 아마 열시 무렵이었을 것이다. 안개가 심해서 남동생 테미가 차로 데리러 오기로 했다. 테미는 테미스토클레스의 애칭으로, 이렇게 고대 아테네 정치인의 이름을 붙이는 것도 고전학자를 배출한 자기 집안의 전통이라고 로사는 설명해주었다.

테미는 좀처럼 나타나지 않았다. 우리는 번갈아 창가로 가서 테미의 자동차가 오는지 살폈다. 차종과 색깔을 물어보고 비슷한 차가 보이면 아, 저건가, 하며 로사를 불렀다. 결국 로사는 창 너머로 가느다란 목을 빼고 안개로 일렁이는 바깥바람을 맞으며, 테미의 차가 나타날 교차로 쪽을 가만히 내다보았다.

그날 밤 로사는 테미가 그전 주말 피에몬테 지방의 알프스 산록으로 글라이더를 타러 갔고, 돌아오는 길에 우리집에 들르기로 했다는 사실을 우리에게 말하지 않았다. 그래서 왜 안 올까 전전긍긍하는 로사를 두고 우리는 동생에게 급한 일이라도 생겼나보다고 아무렇지 않은 투로 달래며, 그녀를 태워 보낼 택시를 불렀다.

이튿날 신문을 보고서야 테미가 조종하던 글라이더가 산에 부딪혀 추락해서 행방불명이 됐음을 알았다. 생존 가능성은 전혀 없다고 했다. 눈이 너무 많이 쌓여 봄이 오기 전까지는 사고 현장에 올라갈 수 없다고 신문은 보도하고 있었다.

안개가 끼는 날이 줄었다고 하지만, 기억 속 밀라노에는 지금도 안개가 고요히 흐르고 있다.

체데르나의 밀라노, 나의 밀라노

카밀라 왕고모는 스칼라 극장에 지정 박스석을 갖고 있었다. 폴디 페촐리 후작의 유산으로, 무대 오른쪽 네번째 자리였다. 왕고모는 엄청난 자산가인데다 굉장한 구두쇠이자 음악 애호가이고 보석 수집이 취미였다. 수종을 비롯해 여러 병을 달고 살아 거의 누워 지내다시피 했다. 스칼라 극장에 가는 것이 유일한 외출이었는데, 그럴 때는 가운에 슬리퍼 차림으로 뒤쪽 계단을 힘겹게 올라가곤 했다. 몸보다 훨씬 큰 가운이었는데(진홍색 벨벳에 손뜨개 레이스를 겹쳐 꿰맨 옷으로, 왕고모가 세상을 뜨자 어머니는 그것을 안락의자에 씌웠다), 가슴에는 보석이 수없이 박혀 있어 멀리서도 반짝반짝 빛났다. 오페라글라스를 들지 않은 사람 눈에는 훈장이 가득한 장군의 가

습처럼 비쳤을 것이다. 공연 첫날에는 사보이아 가문 마르게리타 왕비의 보석에 견줄 만한 진주목걸이를 걸었는데, 평소에는 이탈리아 상업은행의 금고에 보관했고, 공연 첫날 외에는 믿을 만한 보석상에게 맡겨 만든 모조품을 걸었다. 바그너의 가극 〈라인의 황금〉 공연은 스무 번씩이나 보는 기록을 세웠다.

그녀는 박스석으로 찾아오는 손님을 위해 늘 '바라티 에 밀라노'의 캔디 한 봉지를 챙겨갔는데, 자신이 싫어하는 맛—커피, 카라카 크림, 라타피아라 불리는 프루트 드롭스, 프라젤라토 벌꿀 등—을 다른 사람에게 권할 요량으로 미리 골라두었다. 어머니를 곧잘 옆자리에 앉혀 수발을 들게 하면서 (진주조개를 붙인) 차이스 오페라글라스를 손에 들고 다른 박스석에 차고 넘치는 저명한 미녀들의 험담을 하는 것이 왕고모의 낙이었다. "나쁘게 말해두면 틀리지 않아"라는 것이 왕고모가 좋아하는 말장난 가운데 하나였다. 어머니 이야기에 따르면 1차 세계대전 후 몇 년간, 공연 직전 장내 조명이 서서히 어두워지는 마법 같은 순간이 오면 관객들이 일제히 뒤돌아 토스카니니의 지정석(3열 8번, 나중에는 2열 12번) 쪽을 쳐다보았다. 거기에는 털을 아낌없이 써서 지은 색색의 야회복과 분홍 혹은 검은색의 거대한 타조 깃으로 만든 부채 사이로 토스카니니의 딸 왈리의 고운 얼굴이 엿보였다. 찬탄의 속삭임이 한순간 스칼라 극장 가득 퍼져나갔다.

이상은 몇 년 전에 나온 카밀라 체데르나의 책『가까운 것, 먼 것』에서 발췌한 내용이다. 체데르나는 1956년부터 1981년까지 급진파 주간지『에스프레소』의 특별 기고자로 활약했는데, 밀라노의 유행이나 상류사회의 가십을 재치 있고 세련된 도회적 필치로 그려내는 평론가로 유명하다.

이탈리아에서는 체데르나라는 이름만 들어도 "그 가십꾼 여자?" 하고 얼굴을 찌푸리는 이가 적지 않지만, 나 같은 외국인에게 그녀는 상당히 중요한 존재였다. 보통 '외부인'에게는 빗장을 질러놓은 세계, 역사나 사회학 책에 쓰여 있지 않은 유럽사회의 단면을 알려주었기 때문이다. 이 닫힌 사회, 즉 보이지 않는 곳에서 유럽을 움직이는, 아니, 움직인다고까지는 할 수 없어도 엄연히 존재하는 사회와 특히 귀족들에 대해, 좀더 정확하게 말하자면 이 특수한 '종족'이 사회 한구석에서 은밀히 발산하는 뭐라 정의할 수 없는 냄새 같은 것을 알려주었다.

수년 전 여름 이탈리아에 머물 때 '신문소설의 부활'이라는 선전문구와 함께 일간지 〈코리에레 델라 세라〉 지면을 요란하게 장식해 내가 매일 아침 일찍 일어나 신문을 사러 나갈 만큼 열중하는 통에 친구들에게 놀림까지 받았던 소설이 있다. 이 소설 『향수』의 주인공은 나중에 희대의 향수 제조 명인이 되는데, 날 때부터 체취가 없어 어머니에게 악마의 사생아라며 버림받고 주위에서도 소외된다. 아이들조차 냄새가 없는 그를 본능적으로 따돌릴 뿐 아니라 해치려 든다. 이 기괴한 인물은 냄새가 없는 대신 후각이 유별나게 예민해 인생이 바뀐다. 그는 조향사로 일하며 동료뿐 아니라 세상 모든 사람이 자신을 받아들이도록 비밀스러운 작업을 수행한다. 바로 자신의 체취를 발명하는 일이다. 체취란 곧 한 인간의 냄새인데, 그는 그걸 고양이 똥과 곰팡이 핀 치즈, 부패한 생선 내장 등으로 만들어낸다. 이 향수를 몸에 바르고 걷자 난생처음 사람들이 이상한 반응을 보이지 않고(길에서 스쳐지나도 돌아보거나 피하지 않는 정도지만), 어린아이가 선뜻 다가와 안긴다. 소개가 길어졌는데, 나는 이 소설을 읽고 체데르나의 글을 떠올렸다.

쥐스킨트라는 작가가 그려낸 이 소설 주인공이 자신을 위해 발명한 인간의 체취는, 체데르나의 글 속 이탈리아 귀족들이(그리고 유럽을 비롯해 전 세계 '오래된' 나라에서 귀족으로 불릴 사람들이) 사회 어딘가에서 은밀하게 발산하는 희미한 냄새와 어딘가 닮았다고 느꼈다. 원료를 조사해보면 고양이 똥이나 곰팡이 핀 치즈, 썩은 생선 내장에 지나지 않는 것들이 서로 뒤섞이고 반향하여 우리의 자연스러운 체취가 되고 사람들을 한없이 정겨운 존재로 만든다. 언뜻 시대착오적이고 참을 수 없을 만큼 자기중심적으로 보이는 그 '종족' 역시, 자신도 이 집단에 속한 체데르나의 풍자 속에서 정겨운 사람 냄새를 풍긴다. 그녀의 작품도 단순한 가십 기사 이상의 의미를 갖게 된다.

당연하게도, 카밀라 왕고모가 군림했던 스칼라 극장은 오늘날 완전히 다른 모습으로 변했다. 1960년대 후반 '문화혁명' 무렵에는 로비에 청바지 차림의 젊은 남녀가 나타났고, 그런 학생 중 하나가 성장을 하고 온 관객의 이브닝드레스에 빨간색 스프레이를 뿌려대는 일까지 생겼다. 사태가 이토록 악화되자 단골 관객들이 오페라 관람을 접게 되었다고 한다.

그리고 이십여 년간 말로 다 할 수 없는 사회적 고난을 거친 후에 이탈리아 사람들은 일찍이 억지로 잘라내버리거나 눈감으려 했던 과거의 유산을 예전보다 거리를 두고 바라볼 여유를 되찾은 듯하다. 그렇다고 복권시키자는 것은 아니다. 전체를 평균화, 표준화해버리려는 히스테릭하고 과시욕 강한 일종의 파쇼적 평등화보다는, 엄격한 자기관리를 통해서만 발전할 수 있다는 자유주의적 사고로 나아가려는, 혹은 회귀하려는 움직임이 조금씩 느껴진다(아니면 이 모든 게 사라져가는 것에 대한 무책임한 노스탤지어일 뿐이고, 이 역시 세기말적 와해의 한 과정에 불과한 걸까).

어쨌든 나는 체데르나의 책을 단숨에 읽었다. 여기 그려진 사람들은 내가 밀라노에서 보낸 짧지 않은 세월 동안 교유한 주위 사람들과는 별 관계가 없다. 엄밀히 말하면 그 '종족'에 속하는 친구도 몇 명 있었으나 나는 그들 배경의 전체상이 어떤지 파악할 도리가 없었다. 그들의 존재가 이따금 흥미롭기는 했지만 고학생이거나 가난한 인텔리였던 우리의 일상생활과는 영 동떨어져 있어서 어떤 사건으로 드러난 후에야 문득 깨닫게 되는 식이었기 때문이다.

밀라노에 산 지 이 년째 되어 결혼을 하게 되었을 때, 이 지역에 익숙하지 않은 나는 물론이고 남편도 어디서 어떻게 결혼반지를 구해야 할지 통 짐작이 가지 않았다. 그때 남편의 오랜 친구 루치아가 한 가게를 소개해주었다.

"어머니가 오래전부터 다니시던 가게고, 나도 종종 이용하는 곳"이라며 그녀는 전화번호를 알려주었다. 약속을 잡고 찾아가 보니 뜻밖에 그 가게는 도심이기는 하지만 다소 초라한 골목(당시 밀라노 도심에는 아직 전쟁의 황폐한 흔적이 남은 거리가 몇 군데 있었다)에 면한 낡은 건물의 3, 4층쯤에 있었다. 좁은 계단을 올라 평범한 방에 들어서자 품위 있는 초로의 부인이 맞아주었다.

"이야기는 들었습니다." 그녀는 상냥하게 말했다. "결혼반지를 구하시죠? 우선 치수를 잴까요? 그뒤에 견본을 고르시면 됩니다."

건물의 모양새가 내가 상상하던 '반지를 사는 집'의 이미지와 상당히 동떨어져서 나는 조금 당황했다. 이 가게를 소개해준 친구 루치아는 밀라노의 유서 깊은 집안 출신이라고 들었다. 그녀의 아버지가 꽤 유명한 은행가라는 것도 알고 있었다. 한데 이 가게는 너무나 수수했다. 대성당 주위에 언뜻 보기에도 호화로운 귀금속점이 몇 군데 있다. 한편 폰티니 광장 부근에는 영 수상쩍은 느낌의 보석상이 늘어서 있다. 그러나 뒷골목에 있는, 얼핏 가정집처럼 보이는 이 가게는 어느 부류에도 속하지 않았다. 게다가 언뜻 보기에 아마추어 같은 여주인은 대체 어느 '종족'에 속하는 사람인지 알 수 없었다. 이런 가게가 오히려 엄청나게 비싸진 않을까? 과연 우리 예산에 맞기나 할까? 두 사람의 손가락 둘레를 재는 불과 몇 분 사이에도 불안이 뭉게뭉게 피어올랐고, 할 수만 있다면 도망쳐나오고 싶었다.

"그럼 견본을 보여드릴게요." 여주인은 시원시원하게 말하고는 곧장 이렇게 덧붙였다. "걱정 마세요. 반지는 결혼 준비에서 돈이 제일 적게 드는 부분이니까요. 예를 들어 이 반지 같으면……"

실제로 그 반지는 우리 짐작보다 훨씬 쌌다. 나는 안도하는 한편 예의 유럽의 비밀스러운 세계가 풍기는 냄새를 아스라이 맡은 느낌이 들었다. 이 도시의 전통적 지배계급에 속한 사람들은 대로의 번쩍번쩍한 보석상과 이 여주인의 가게를 잘 구별할 줄 안다. 그들의 집에는 조상 대대로 물려받은 보석류가 많으므로 평소 몸에 걸치는 것들은 이런 가게에서 손질하며 관리할 것이다(마치 우리가 어머니의 유품인 기모노를 수선하거나 다시 염색하듯이). 한참 시간이 흘러 역시 밀라노의 유서 깊은 가문 여자들과 만찬을 함께했을 때 한 신흥 부르주아 가정의 지나친 사치를 비판하는 소리를 들은 적 있다. "글쎄 그 집은 시종 'B'에서 물건을 사지 뭐예요." 'B'는 바로 대성당 근처의 고급 귀금속점 이름이었다. 마치 '시종' 새로운 귀금속을 사는 이유가 대대로 내려오는 귀금속이 없어서라는 투였다.

다시 체데르나의 왕고모 이야기로 돌아가서, 스칼라 극장 공연 첫날 그녀의 가슴을 장식한 진주목걸이에 대해서는 따로 긴 이야기가 있다. 첫번째 인용문에 나오는 페출리 후작은 왕고모의 친아버지인데, 서녀인 그녀와 공식적으로는 대부와 대녀 관계였다. 지금은 미술관이 된 폴디 페촐리 저택은 스칼라 극장에서 가까운 밀라노 중심가에 있다. 체데르나에 따르면 이곳은 후작의 유언에 따라 1879년 밀라노 시에 기부됐으며, 후작이 평생 수집한 미술품과 이후 시에서 매년 이어온 컬렉션으로 현재까지 운영되고 있다. 저명한 평론가이자 컬렉터인 버나드 베런슨에 따르면 이 미술관은 런던의 월리스 컬렉션, 뉴욕의 프릭 컬렉션과 함께(당연히 베런슨은 자신이 살던 피렌체 교외의 빌라 이타티도 꼽았을 것이다) "머리를 써서 수집했다"는 점에서 세계 유수의 컬렉션으로 인정받고 있다.

체데르나는 어릴 적 종종 선생님을 따라 이 미술관을 찾아서 르네상스 시대의 종교화나 후기 낭만주의 스테인드글라스 등에 마음을 빼앗겼다. 그중에서도 특히 친구들 앞에서 자랑스러워한 것은 카밀라 왕고모의 사후 유언에 따라 이곳에 기증된 예의 진주목걸이였다. 여섯 줄로 된, 아마도 가슴을 가득 덮을 만큼 긴 이 목걸이는 처음에는 미술관 금고에 보관되었다가 얼마 뒤 강화유리 케이스 안에 전시되었다. 그러나 몇 년 지나자 진주가 하나둘 광택을 잃기 시작했다(체데르나는 여기서 꽃 등이 '시든다'는 뜻의 'appassire'라는 표현을 쓴다. 다른 데서도 들어본 적이 있는데, 참 아름다운 말이다). 사람의 피부에 닿지 않으면 진주가 서서히 죽어버린다는 이유로 미술관은 결국 이 귀중한 목걸이를 경매에 부쳤고 어느 미국인이 낙찰받았다(하긴 미국인이 아니면 불가능한 얘기다). 미술관은 그 돈으로 베네치아파 화가인 카날레토와 과르디의 풍경화를 구입했다는 이야기다.

보석 하니 말인데, 이 왕고모의 이름을 따랐다는 이유로 체데르나는 어릴 적 왕고모의 유산인 금팔찌를 물려받았다. 체인이 상당히 묵직하고 금으로 세공한 돈주머니 모양의 작은 자물쇠가 달려 있었다. 톡 하고 열면 안에서 초상화들이 나오는 장치가 되어 있었다. 그중 하나가 "수염을 기른 폴디 페촐리 후작의 관대한 얼굴이었다".

왕고모의 유산은 그뿐이 아니었다. 체데르나는 스칼라 극장의 유서 깊은 지정 박스석까지 물려받은 것이다. "한 번도 만난 적 없는" 왕고모의 박스석은 아직 "어린아이였을 무렵" 가보았다고 체데르나는 밝히고 있다. 높은 곳에 있는 박스석에서 내려다보면 무대 뒤의 여러 장치가 한눈에 들어왔다. 그것이 재미있어서 소녀는 오페라 시즌의 공연들을 한 회차도 놓치지 않았다. 특히 장내 조명이 조용히 사그라지는 마법 같은 순간을 더없이 좋아했다.

"이렇게 해서 가극의 매력이 나의 핏속으로 녹아들었다"고 체데르나는 쓴다. 그러나 그녀가 지정 박스석을 즐긴 시간은 길지 않았다. 파시스트 정권이 스칼라의 좌석을 강제로 사들이고 만

것이다. 하지만 몸에 밴 습관은 나이가 들어서도 바뀌지 않았다. "지금도 나는 오케스트라의 반지르르한 밤색, 적갈색, 연갈색 목관악기나, 플루트의 은색, 빛을 반사하는 놋쇠 악기의 반짝임을 볼 때마다 감동하지 않을 수 없다……"

1921년에 태어난 체데르나가 "어린아이였을 무렵"의 일이고 그뒤에 예의 박스석이 파시스트 정부에 몰수됐음을 생각해보면, 때는 아마 1930년대 전반, 그녀가 열두세 살 무렵이었을 것이다. 그렇게 어린 여자아이가 뭇사람들이 부러워하는 스칼라 극장 지정석을 만나본 적도 없는 왕고모에게 유산으로 물려받았다니 꿈 같은 이야기인데, 그 아이가 부지런히 지정석에 드나들었다는 사실이 묘하게 마음을 흔들었다. 거기에는 학교 선생님을 따라 한조몬의 국립극장에 가는 것과는 차원이 다른, 개인적인 선택을 거친 세계가 있지 않았을까. 자기 방에서 완벽한 하이파이 세트로 오페라를 듣는 틴에이저(그러한 오페라 애호가가 요즘 들어 부쩍 늘고 있다고 한다)의 경험과도 상당히 달랐으리라.

같은 책에서 체데르나는 화려한 귀족사회의 이면을 살아간 사람들도 언급한다. 그중 인상적인 것은 생전에 피누차라 불린 여자의 이야기다(그녀 같은 사람이 예컨대 『잃어버린 시간을 찾아서』의 오데트처럼 '사교계 이면(demi-monde, 화류계)'에 속

했을 것이다). 피누차는 아주 어릴 때 시골에서 올라와 젊은 시절 삯바느질을 하다가 "아름다운 몸이 눈에 띄어" 오트 쿠튀르의 마네킹이 되었으며, 이윽고 밀라노 번화가에 고급 부인용 모자점을 열었다. 그동안 밀라노에서 가장 아름답고, 가문으로나 자산으로나 최고 지위를 차지한 남자들을 상대하며 본인의 말을 빌리자면 "그들 모두 어엿한 인간으로 만들어준 것이나 다름없"는 관계를 맺게 된다. 한없이 밝고 사근사근하면서도 "억척스러울 정도의 생활력"을 지닌 피누차는 자신과 친분이 있던 남자들—그중에는 영화감독 루키노 비스콘티나 프랑코 제피렐리 등의 이름도 보인다—에게 평생 사랑받았을 뿐 아니라, 그들의 어머니나 아내로부터도 사랑과 감사를 받아왔다고 한다.

언젠가 비스콘티가 피누차를 코코 샤넬에게 소개하려고 했는데 피누차는 창피하다며 거절한다. 모자 디자이너로서 그녀의 재능을 높이 사던 비스콘티는 질렸다는 듯이 이렇게 말했다.

"참 어처구니없는 사람이구먼. 상대가 천하의 샤넬이라면 자네도 천하의 피누차가 아닌가!"

사람들이 모자를 쓰지 않게 되어 가게가 기울자 만년의 피누차는 한 귀족 집안의 부탁으로 자리보전하고 있는 노부인을 수발하며 십팔 년간 그 집에서 생활했다. 피누차가 예기치 못한 병으로 죽자 노부인의 가족은 애도의 뜻으로 그녀가 생전에 사랑했던 카틀레야*로 커다란 화환을 만들어 관에 장식해주었다고 한다. 프루스트의 오데트에게도 각별한 의미가 있는 카틀레야가 여기 등장하는데 이건 체데르나의 허구일까? 아니면 정말 피누차가 카틀레야를 좋아했던 것일까?

많은 이에게 사랑받은 로지나라는 창부가 레지스탕스 활동으로 목숨을 잃자 일찍이 그녀를 알던 밀라노 남자들이 길게 장례 행렬을 이루었다는 감상적이고 아름다운 밀라노 전통 가요가 있다. 피누차 이야기를 읽고 나는 왠지 그 노래를 떠올렸다.

또 한 사람, 남편이 세상을 떠나고 얼마 후 밀라노 중심가의 제과점에 들렀다가 계산대에서 마주친 여자도 떠올랐다. 그녀는 계산을 하러 온 나에게 내 남편의 이름을 말하며, 실례지만 혹시 부인이냐고 물었다. 남편이 일하던 서점 근처라 그를 아는 사람이 많았다. 내가 고개를 끄덕이자 순식간에 그녀의 눈에 눈물이 그렁그렁해졌다. 아직 젊은 나이에 그렇게 일찍 가시다니, 하고 그녀는 말했다. 좋은 분이셨어요. 저한테도 참 잘해주셨고요. 언젠가 당신을 뵙고 꼭 그 말을 하고 싶었어요. 노부인이라 해도 좋을 나이인 그녀의 말은 뜻밖에도 슬픔으로 가득했다. 문득 마음 한구석에서 의지하던 사람을 잃어버린 여자의 애달픈 심정이

* 열대 원산인 양란의 일종.

느껴져 얼떨떨했다. 어떻게 살아온 사람일까? 남편은 무슨 일로 그녀의 이야기를 들어줬을까? 왠지 파란만장한 과거가 떠오르는, 마치 뒤안길을 살아온 듯한 냄새가 나는 그녀의 염색 머리를 보면서 나는 생각했다.

카밀라 왕고모, 스칼라 극장, 진주목걸이와 나의 결혼반지. 그리고 피누차와 제과점 계산대의 노부인. 체데르나의 책을 읽으며 벌써 이십 년이나 지난 밀라노 시절을 차례로 떠올렸다. 밀라노에서 이런저런 연유로 알게 된 사람들이, 그때 정경들이 선명하게 되살아났다. 체데르나가 묘사한 이들이 내 기억 속 사람들과 뒤섞여 참으로 그리운 자신들만의 냄새를 발산하고 있었다.

프로슈티 선생님의 파스콜리

처음 이탈리아에 도착한 날은 8월 10일이었다. 1953년의 일이다. 헤이안마루호였던가, 화물이 주고 승객이 종인(중에서도 종, 선원이 쉰 명인데 승객은 고작 네 명이었다) 닛폰유센의 화객선으로 제노바에 입항했는데 마침 하선할 시간이 되자 폭풍우가 맹렬히 몰아쳤다. 천둥이 치고 제노바 뒤쪽 산들이 눈 깜짝할 사이 시커먼 구름에 뒤덮였다. 배에서 잠시 기다리라는 말에 우리는 하릴없이 폭풍우 속 제노바를 지켜보았다. 그러나 곧 날이 개었고, 안내를 따라 들어선 제노바 거리는 비에 씻겨 반짝반짝 빛이 났다. 고베를 떠난 지 사십 일째였기에 거리를 걷는 기분이 더욱더 신선했다. 처음 만난 유럽은 모든 것이 신기했다.

가을부터 겨울까지 파리 대학에서 비교문학 강의를 들었는데,

수강 요강을 읽고 깜짝 놀랐다. 프랑스어 말고도 최소한 둘 이상의 유럽 언어를 습득해야 했던 것이다. 그래서 유럽에서 맞는 두 번째 여름에는 페루자의 외국인대학에 가서 이탈리아어를 공부했는데, 이탈리아어가 완전히 처음인데도 일부러 초급이 아니라 중급반에 들어갔다. 중급부터 시작하면 안 된다는 규칙이 없었고, 어학 초급이란 어느 나라 말이나 지독히도 따분해서 대체로 공부를 계속할 용기가 꺾여버린다. 이탈리아어에서 그렇게 되면 큰일이다. 못 알아듣더라도 나중에 열심히 따라잡느라 고생하는 편이 낫다. 그렇게 나름대로 성급한 결정을 내린 것이다.

다행히 중급반 학생들은 문학 강의도 들을 수 있었다. 간단한 이탈리아 문학사 강의였는데, 프로슈티라는 이름의 풍채 좋은 중년 신사가 선생님이었다. 프로슈토가 이탈리아어로 '햄'이라는 뜻이어서 다들 이상한 이름이라고 수군거렸다. 당시만 해도 드물던 분홍색 와이셔츠 차림 역시 이야깃거리였다. 여러 나라에서 모인 학생들이고 이탈리아어 실력도 고만고만했으니 화제로 삼을 만한 게 고작 그런 것이었다.

몇 해 전 삼십 년 만에 페루자를 방문했다가 프로슈티 선생님이 그해 봄에 돌아가셨다는 이야기를 들었다. 그전에 한번 뵈었으면 좋았을걸. 종전 이후 그 대학에 처음 온 일본인이었던 나를 프로슈티 선생님은 유독 아껴주셨다. 이렇다 할 특징 없는 단조로운 문학사 강의였지만 지금도 레오파르디나 카르두치, 파스콜리의 글을 읽으면 페루자 시절 사전을, 그것도 손안에 들어갈 만한 라루스판 이탈리아어-프랑스어 사전을 뒤적이며 더듬더듬 읽어내려가던 기억이 또렷하게 떠오른다. 나른한 여름날 오후 천장이 높은 강의실에서 중세에서 르네상스로 넘어가는 문학사 과정을 설명하는 선생님의 이탈리아어를 이해하려고 열심히 애쓰며, 때로는 졸음과 싸우며 들었는데, 이상하게 시에 관한 이야기만 단편적으로, 그러나 선명하게 기억난다.

프로슈티 선생님의 가르침은 물론이고, 내가 공부할 무렵에는 푸른 전원에 둘러싸여 있던 페루자에 수업 내용에 등장하는 19세기 시인들이 즐겨 노래한 풍경이 고스란히 남아 있던 것도 이들이 내 안에 깊은 궤적을 남긴 이유일 터다. 페루자의 언덕을 해원처럼 둘러싼 들판을, 19세기의 문호(그에게는 좋은 의미든 나쁜 의미든 이 말의 장대한 울림이 잘 어울린다) 조수에 카르두치의 유명한 서정시에 나오는 뿔이 크게 휜 하얀 소떼가 느긋하게 일구고 있었다. 나중에 로마로 유학 갔을 때 몇 번 움브리아나 토스카나 지방을 찾았는데, 그때마다 밭에서 흰 소를 보면 아아, 이탈리아에 왔구나, 하는 생각이 들었다. 1961년 봄, 기나긴 이탈리아 체재에 종지부를 찍고 일본으로 돌아가기로 결심한 뒤 부활절 무렵 다시 몇몇 친구들과 토스카나와 움브리아 지방을 여행했다. 문득 흰 소가 보이지 않는 것을 깨닫고 밭에 소가 없다고 말하자 동행한 일본인 친구가, 어머, 난 이탈리아에 오고 나서 한 번도 본 적이 없는걸, 해서 깜짝 놀랐다. 그녀는 삼사 년 전부터 이탈리아에 머물고 있었기 때문이다.

토스카나를 노래한 카르두치의 시에 비해 19세기 낭만파 시인 자코모 레오파르디의 시에 나오는 전원 풍경은 움브리아의 풍경에 좀더 가깝다. 레오파르디는 움브리아와 경계를 접한 마르케 지방의 레카나티에서 나고 자랐다. 그곳에는 가본 적 없지만 페루자나 아시시의 언덕에서도 그가 시에서 노래한, 굽이치듯 이어지는 첩첩한 산들이 그려내는 경치가 쉽게 상상된다. 레오파르디의 시에는 이 지방에서 매일 흔하게 접하는데도 마음 깊은 곳을 움직이는 풍경이 자주 나온다. 대학교 점심시간이면 시끌벅적한 학생식당을 피해 빵과 햄을 사들고 그런 언덕의 올리브밭에 혼자 앉아 있곤 했다. 올리브나무 그늘에는 사료로 쓰이는 콩과 풀이 무성했고, 보라색 분홍색 꽃 향기가 바람에 실려왔다. 어느 날 밤 친구에게 이끌려 포르타 산탄젤로라는, 오래된 성문 바깥에 있는 전망대 비슷한 곳에 간 적이 있다. 달도 없는 어두운 밤이었는데 사방에 반딧불이가 어지러이 날아다녔다. 엄청난 수에 압도되어 쫓아갈 엄두도 못 냈던 기억이 난다. "큰곰자리별이 가만히 빛나고"라는 구절로 시작하는 시 「추억」에는 창가에 서서 멀리 밭에서 들려오는 개구리 울음소리나 산울타리에 핀 꽃 위를 날아다니는 반딧불이에 소년 시절을 추억하는 시인의 모습이 그려진다. 같은 시에 나오는 표현 "향기로 가득한 가로수길"은 하숙방 창문으로 들어오는 가로수길의 보리수 꽃향기와 맞아떨어진다. 파리에서 페루자로 온 날 작은 마을 전체에 떠도는 이 향기를 맡고 목이 멘다는 게 이런 걸까, 생각했었다. 거의 눈에 띄지 않는 곳에 피어 있던 이 꽃의 향기는 기억 속에서 점점 응축되고 일종의 상징이 되어, 설령 마법을 써서 1954년 6월 30일의 페루자로 돌아간다 해도 같은 향기를 음미할 수는 없을 것이다. 그 향기는, 한낮에 역에서 택시를 타고 도착한 피오렌초 디로렌초 거리의 캄파나가家 앞에 서서 3층 창문으로 내다보는 아주머니에게(당시에는 그때가 이탈리아인들의 낮잠 시간인 줄도 몰랐다) 파리에서 배워온 이탈리아어로 떠듬떠듬 자기소개를 하던 나를 포근히 감싸주었고, 그날 저녁 대학교에 학생 등록을 하러 가던 길에도, 저녁식사 후 스쿠터 소리가 시끄러워 잠을 설치곤 했던 내 침실로 들어갔을 때도 가득 서려 있었다. 이렇게 레오파르디의 "향기로 가득한 가로수길"은 이탈리아어를 막 배우기 시작한 나를 단단히 붙들고 안으로 야금야금 스며들었던 것이다.

작년 여름 레오파르디의 또다른 풍경을 발견하고 깜짝 놀랐다. 토스카나 북동부에 있는 오래된 도시 루카에 간 날이었다. 예로부터 농산물 집산지인데다 20세기 초 번영의 나날을 맞이한 루카의 도심은 풍요로웠고 1920년대 아르누보 양식 건물들이 눈에 띄었다. 르네상스의 요람 피렌체에 익숙해진 눈에는 신기하고 신선했다. 대성당이 도심을 조금 벗어나 성벽 근처에 자리잡은 것도 다른 도시와 달랐다. 이 도시를 좀더 알고 싶은 생각에 이리저리 걸었다. 오래된 성벽으로 둘러싸인 도시가 으레 그렇듯 구불구불 어지러운 길을 지나 어느 모퉁이를 돌고는 흠칫했다. 별다른 특징 없는 나지막한 집의 2층 창문, 반쯤 열린 비늘창 뒤에서 젊은 아가씨 혼자 수를 놓고 있었다. 흡사 이탈리아인이라면 누구나 아는 레오파르디의 「실비아에게」 한 구절 같았다.

여념 없이 베틀에 앉아 있던 당신,
가슴에 그린 아름다운 미래로, 당신의 마음은
보드랍게 차 있었네

여기는 '베틀'이라고 번역했지만 원문의 표현은 "lavori femminili(여자의 일)"다. 관련된 주석을 접하기 전에는 이것이 바느질일 거라 상상했다. 그것도 단순한 바느질이 아니라 자수를 생각했는데, 다름아니라 움브리아의 소도시에서 로마로 공부하러 온 친구 루이자에게 들은 이야기 때문이었다. 루이자의 할머니는 젊었을 당시 관습에 따라 중요한 혼수 품목인 시트며 테이블클로스 등 이른바 리넨류를 손수 준비했다. 하지만 좀처럼 좋은 상대를 못 만나 그 물건들이 몇 개나 되는 장롱에 가득 차버렸다는 것이다. 아닌 게 아니라 그녀의 집에 묵었을 때 하얀 아마포에 하얀 실로 이니셜을 수놓은 아름다운 '할머니의 리넨'을 내가 쓴 침대나 세면실 등에서 볼 수 있었다. 지금 생각해보면 '준비했다'는 말에는 으레 실잣기와 베짜기도 포함되어 있을 텐데(나의 시어머니도 여든이 넘도록 접시 닦는 데 쓰던 행주 몇 장은 당신이 직접 실을 자아 짠 시트의 자투리라 말하며 웃었다), 나는 이니셜을 아름답게 수놓은 루이자 할머니의 리넨을 보고 막연히 자수라고만 짐작했던 것이다. 20세기 시인 움베르토 사바의 작품에도 창가에서 바느질하며 애인을 기다리는 여자를 노래한 시가 있다. 나중에 사바의 아내가 된 사람은 원래 재봉 일을 하던 처녀였으므로 이 경우는 단순한 바느질이었을 것이다.

「마을의 토요일」이라는 레오파르디의 작품도 있다. 해질 무렵 소녀가 밭에서 돌아온다. 채소 다발을 머리에 이고, 언제나 그렇듯 일요일에 가슴과 머리를 장식할 조그마한 장미와 제비꽃 다발을 한 손에 들고…… 그리고 이웃 여자들과 집 앞에 모여 실을 잣는 노파, 가난한 식탁에 앉아 휴일인 다음날을 생각하는 농부.

다들 한 주의 노동을 마치고 겨우 한숨 돌리고 있다. 그중 한 구절은 이렇다.

> 지금, 울려퍼지는 종소리가
> 축일이 왔음을 알리네

기독교 관습상 축일은 전날 저녁부터 시작된다. 이십여 년 전까지 큰 축일 전날에는 금식을 해야 했다. 첫 별이 뜨면 금식일이 끝나기 때문에 가난했던 어린 시절에는 별이 뜨기를 애타게 기다렸다고 이탈리아 남부 아브루초의 산촌에서 자란 친구가 얘기해주었다. 금식이 끝나면 축일이 왔음을 알리며 교회 종이 앞다투어 울려퍼진다. 페루자에서 공부하던 무렵 어느 토요일 저녁, 어쩌면 8월 15일 성모승천일 전날의 일이었는지도 모르겠다. 아마 친구가 운전하는 차를 타고 아시시에서 돌아오는 길이었으리라. 페루자 언덕의 마지막 오르막길 중턱에 있는 교회에 다다른 순간 예의 종소리가 울리기 시작했다. 아무 기척도 없이. 무심코 로마네스크 양식의 종루를 올려다보았다가 나는 실로 신기한 광경을 목격했다. 저녁해를 가득 받은 종루의 크고 작은 종들 아래 가로대 위에서 한 사내가 양쪽 손발을 사용해 춤을 추듯, 공중을 헤엄치듯 움직이고 있었다. 아주 짧은 순간 본 광경이지만 지금도 눈을 감으면 사내의 모습과 함께 그의 온몸에서 솟아나는 듯한, 밀려왔다가 물러가는 파도처럼 여러 겹으로 포개지고 사방으로 흩어지며 축일을 알리는 종소리가 떠오른다. 저멀리 해가 뉘엿뉘엿한 평야를 뒤덮는 연보랏빛 안개와 함께.

또 한 사람, 페루자의 프로슈티 선생님이 강의에서 언급한 시인으로 20세기 초 이름을 날린 조반니 파스콜리가 있다. 파스콜리는 앞서 말한 조수에 카르두치의 제자로, 세상을 떠난 스승의 뒤를 이어 볼로냐 대학 이탈리아문학과 교수가 되었다. 이탈리아 통일 후 국민 시인으로 존경받은 카르두치의 후임으로 뽑힌다는 것은 숨막히는 영예였던 모양인데, 그의 수락을 바라는 대학 총장의 서한이 감동을 자아낸다.

"친애하는 파스콜리, 단도직입으로 묻겠네. 만약 카르두치가 자네를 직접 볼로냐 대학 이탈리아문학 정교수 후임으로 뽑았다면 수락할 텐가? 조건은 없네. 지체없이 간단히 대답해주게."

이탈리아 남부 마테라의 고등학교 교사로 시작해 여러 자리를 전전한 끝에 피사 대학에서 교편을 잡고 있던 파스콜리는 곧바로 제안을 받아들이고, 소년 시절부터 자신을 돌보아주었으며 이제 임종을 앞둔 스승 카르두치를 만나러 간다.

1906년 무렵의 일이니 프로슈티 선생님은 태어난 뒤이긴 해도 아직 사리분별을 못할 나이였을 것이다. 고전학에 커다란 족적을 남긴 인물이자 1965년 여든아홉 살을 일기로 세상을 떠난 마나라 발지밀리라는 사람이 있는데, 파스콜리보다 열일곱 살 아래로 역시 볼로냐 대학 출신이다. 그는 『우리 시대의 사람들, 작가들』이라는 책에 카르두치와 파스콜리가 교수이던 시절 영광에 찬 여러 신화를 밝히고 있다. 그에 따르면 "카르두치나 파스콜리를 지나다가 본 것만으로 화제가 되었다". 오늘날 볼로냐 대학 이탈리아문학과(국문과라고 해야 할까)가 권위를 인정받는 것은 이 두 시인이 교단에 섰던 덕분이다.

그런 파스콜리의 「8월 10일」이라는 시가 있다. 내가 이탈리아에 처음 도착한 날이 8월 10일이라 제목에 눈길이 갔다. 시인이 열 살 때 암살된 아버지를 그리워하는 내용인데, 19세기 이래 쭉 드라마틱한 요소를 선호하는 이탈리아인의 취향 덕분에 파스콜리의 대표작으로 꼽힌다. 파스콜리는 수많은 작품을 남기고 1912년 쉰일곱 살을 일기로 운명했는데, 낭만주의의 흐름을 다분히 이어받은데다 세기말적 감상성이 더해진 그의 시는 이후에도 많은 사랑을 받았다. 특히 아이를 주제로 한 작품이 많아 초등학교와 중학교 교과서에 실리기도 했다. 오히려 바로 그런 이유로 오늘날에는 기피되고 있지만, 최근 새로운 연구를 통해 1920~30년대 시인들에게 미친 영향과 전통에 충실하면서도 의

외로 대담한 실험적 요소를 품고 있는 점 등이 재평가되고 있다. 특히 대자연의 섬세한 표정을 절묘한 의성어로 찰나에 포착하는, 신선하고 특이한 상징주의적 서정성은 재평가할 가치가 있다고들 한다. 이탈리아 사람이라면 누구나 어릴 적 교실에서 배우거나 집에서 어머니가 흥얼거리는 노래를 듣고 「8월 10일」의 감상적인 스토리에 한번쯤 감동했을 것이다. 하지만 커서는 어쩐지 떨떠름하게 떠올라 요즘에는 자칫 경원시되기도 한다. 내 이탈리아어 공부의 유년기를 함께하신 분이나 다름없는 페루자의 프로슈티 선생님도 아니나 다를까 수업 시간에 이 시를 암송해주었고, 그 덕에 청년기에 접어든 우리는 뒤늦게나마 이탈리아 학생의 체험을 공유할 수 있었다. 나도 "지금이 어느 때인데 파스콜리냐"라며 동시대 이탈리아인 대부분이 통과하는 반항기를 거친 다음 오늘날 그를 재평가하기에 이르렀고, 그 점에서도 프로슈티 선생님에게 감사하는 마음이 한이 없다.

「8월 10일」 이야기로 돌아가자. 이 시는 "성 로렌초!"라는 외침으로 시작한다. 8월 10일은 교회력에 따르면 성 로렌초라는 로마시대 순교자의 축일이고, 파스콜리의 아버지가 암살된 날이다. 일본도 오본* 무렵이면 천신제, 칠석, 지장보살 재일 등의 행

* 8월 15일 조상의 영을 기리는 명절.

사가 많듯이 이탈리아는 8월 15일 성모승천일을 끼고 지방에 따라 각기 다른 축제를 벌인다. 성 로렌초도 그중 하나로, 이 성자가 망 위에 올라 불에 타 죽었기 때문에 그날은 일 년 중 가장 덥다고 한다.

파스콜리의 시는 "성 로렌초 날에는 유성이 많다, 왜 하늘은 그토록 불타는 눈물을 흘리는가"로 시작해 2연부터는 새끼에게 먹일 벌레를 물고 날아가다 인간의 손에 죽어 가시나무숲에 떨어진 어미 제비 이야기가 나온다. 가시나무숲에 떨어진 제비는 십자가에 걸린 듯 날개가 양옆으로 펼쳐진다. 원문은 "지금은 십자가에 걸린 것처럼"이라고만 되어 있는데, 프로슈티 선생님은 그리스도의 십자가와 날개를 펼치고 죽은 새의 모습을 몸소 양팔을 펼치며 설명했다. 새끼에게 줄 먹이를 물고 둥지로 돌아오다 죽임을 당한 어미 새의 이미지는 자연히 4연 이후 직장에서 돌아오다 총격을 받고 죽은 파스콜리의 아버지 이야기로 이어진다.

> 크게 뜬 눈에는 비명이 남고,
> 딸들에게 줄 인형 두 개가……

집에서는 어린 두 딸이 인형을 사오기로 약속한 아버지를 애타게 기다리고 있었다. 특정한 성격이 녹아든 사실들을 솜씨좋게 조합한 멜로드라마가 완성됐다. 이렇듯 19세기적인 주제를 정확히 선별해 이야기를 만들어내는 파스콜리의 실력은 놀라울 정도다. 메를로퐁티가 콜레주 드 프랑스에서 강의하고 사르트르가 카페 드 플로르에서 책을 읽던 파리에서 전후 유럽의 흔적을 열심히 좇던 나는, 페루자의 소지주 미망인 집에 기거하며 '비아 델 파라디소'('낙원의 거리'라는 뜻이라 왠지 교토 어딘가의 거리가 떠오르지만, 실은 높은 돌담 한쪽에 담쟁이덩굴이 무성한 좁다란 돌계단의 이름이었다)라는 이름도 낭만적인 길을 지나 학교에 가서 프로슈티 선생님이 오페라풍으로 읊어주는 파스콜리의 시에 신비로운 매력을 느끼며 푹 빠져들었다. 그렇게 이탈리아와 나의 대화가 시작되었다.

하숙하던 캄파나가에서는 가끔 느지막이 저녁을 먹고 테라스로 나가 누가 먼저랄 것 없이 이야기를 나누며 밤을 보내곤 했다. 이상하게도 생각나는 것은 오직 달 없는 밤의 광경뿐, 어두운 테라스에서 캄파나 부인, 장남 잔카를로, 로마로 시집간 둘째 딸 릴리와 가정부 레티치아가 집안일, 보리와 포도의 올해 작황, 이웃집 얘기 등을 끝없이 늘어놓았다. 나는 알아듣기도 하고 못 알아듣기도 하면서 아래층 뜰의 재스민 향기가 물씬 풍겨오는 어둠 속에 가만히 앉아 있었다.

그러던 어느 날 밤 '우시놀로', 즉 나이팅게일의 울음소리를 들으려고 다같이 졸음을 참아가며 기다리고 있었다. 처음 말을 꺼낸 사람은 나였던 것 같다. 영문학을 공부하던 무렵 여러 시에서 접한 밤꾀꼬리의 울음소리를 한번 들어보고 싶다고 했더니 오늘밤 자지 말고 기다려보자는 말이 나온 것이다. 얼마나 목이 빠지게 기다렸던지. 몇 번이나 포기하고 그냥 자자고 말하면서도 지금껏 기다린 시간이 아깝다며 버티고 버티는 사이 밤이 이슥해졌다. 더는 안 되겠다며 포기한 때가 새벽 두시 무렵이었을 것이다. 갑자기 멀리서 높고 떨리는 듯한 소리가 공중으로 솟아올라 사라지는가 싶더니 다시 이어졌다. 그 소리는 슬픔이나 기쁨이라는 어휘로 표현할 수 없는 신비를 가득 안고 한동안 맑은 밤공기를 가르며 울려왔다. 지금도 이따금 그날의 여름밤을 떠올리면 정말 우시놀로의 노랫소리를 들었을까, 너무 졸려 환청을 들은 건 아닐까 싶을 만큼, 이 세상 것이 아닌 울림이 있는 소리였다.

파스콜리의 시 제목 '라시우올로'는 토스카나 방언으로 부엉이를 가리킨다. 삼십여 년 전 나카메구로에 살 때 집 근처 하치만 신사의 숲에서 올빼미가 자주 울었다. 그런데 이탈리아 중부의 토스카나나 움브리아 지방에도 이런 새가 많은지, 앞서 좀처럼 시집을 가지 못하고 리넨 물건을 쌓아뒀다던 할머니 이야기를 해준 친구 루이자가 어느 날 "여름에 창가로 와서 후웃, 후웃 하고 우는 새 알아?"라며 기숙사 친구들에게 물어보고 다닌 적이 있었다. 바르바잔니라는 새였는데 사전을 찾아보니 원숭이올빼미였다. 이탈리아어로 수염이 난 잔니*라는 뜻이니, 가면을 쓰거나 짙은 화장을 한 듯 우스꽝스럽게 생긴 새인 모양이었다. 그 새를 안다고 대답한 사람 역시 움브리아 출신의 여대생이었다. 파스콜리의 시에 나오는 라시우올로는 바르바잔니처럼 사람을 놀리듯 울지 않고(새 탓이 아니라 그저 루이자의 느낌일 뿐인지도 모르지만), 파스콜리답게 그저 쓸쓸히 퀴, 하고만 우는 듯하다.

달은 어디에? 밝아오는
진줏빛 안에서, 하늘은 분명히 보였다네
아몬드나무와 사과나무 우뚝 서니
쭉 뻗은 듯 보였네.
저멀리 어두운 구름 사이로
번개가 바람을 타고 오네
그때, 들판에서 들리는 소리

* 이탈리아 즉흥극 '코메디아 델라르테'의 등장인물. 머리털과 수염이 붙은 반쪽짜리 가면을 쓴 하인 역이다.

퀴……

번역문으로는 알 수 없지만 원문은 9음절의 여덟 행이 총 3연으로 구성된 짧은 시로, 각 연은 잠을 빼앗긴 고독한 영혼을 닮은 새의 울음소리로 끝난다. 9음절 행이 이어지다 신비한 이중모음 '퀴'가 내던져지듯 울리며 가슴에 스민다. 그 삐걱거리는 듯한 소리가 차디찬 전원의 아침 공기 속에서 죽음에 대한 생각과 겹친다. 잔프랑코 콘티니는 이 시를 파스콜리의 걸작 중 하나라고 평했다. 1932년 피에트로보노가 편집한 파스콜리 선집에 실려 있지만, 페루자의 프로슈티 선생님 강의에서는 언급되지 않았다.

“나폴리를 보고 죽어라”

언덕 위에 소나무 한 그루가 있다. 저멀리 바다 건너에는 베수비오 화산이 보인다. 아버지에게 받아 오랫동안 간직했던 엽서의 흑백 풍경이다. 초등학교 1학년 때 유럽 여행을 하던 아버지가 보내온 것이다. 나와 여동생 앞으로 온데다 한집에 사는 아버지가 엽서를 보냈다니 신기하고 기뻤던 기억이 난다. 어딘가에 넣어두고 잊고 있다가 다시 찾기를 반복했는데 언젠가부터 아예 보이지 않게 되었다. 그래도 버리지는 않았으니 지금도 서랍 어딘가 오래된 편지에 섞여 있을 것이다. 엽서 뒷면에는 아버지의 각지고 반듯한 글씨로 큼지막하게 "나폴리를 보고 죽어라, 라는 말이 있단다"라고 쓰여 있었다. 다른 말도 있었는지 모르지만 잊어버렸다.

왜 "나폴리를 보고 죽어라"라고 할까, 초등학교 1학년인 나는 도무지 알 수 없었다. 언덕 위 소나무 너머로 보이는 베수비오 화산은 큰 감흥이 없었고 지금 생각하면 미호노마쓰바라에서 바라본 후지 산처럼 보이기도 했지만, 지우산 모양의 소나무는 인상에 남았다.

그리고 몇 년이 지나, 아마 초등학교 3학년쯤 되었을 무렵 〈폼페이 최후의 날〉이라는 영화가 나왔다. 당시 와세다 대학에 다니던 숙부와 어머니가 하던 이야기를 옆에서 들은 적이 있다. 두 분 다 영화를 보았는지 아니면 숙부만 보았는지는 기억나지 않는다. 화산이 분화해 순식간에 도시 전체가 재와 용암으로 뒤덮여버렸다고 한다. "눈 깜짝하자마자 그대로 파묻혀버린 거야. 이렇게" 하며 숙부는 양팔을 뻗고 엎어지는 시늉을 했다. 아자부에 살던 무렵이었고, 옆에는 아버지가 맘에 들어하던 긴 화로가 놓여 있었다. 겁도 많으면서 무서운 이야기를 좋아하는 어머니는 재미있다는 듯 귀를 기울였다. 그리고 얼마 후 폼페이가 나폴리에서 가깝다는 사실을 깨닫고 내 머릿속에서 "나폴리를 보고 죽어라"와 〈폼페이 최후의 날〉은 같은 말이 되고 말았다.

그뒤에도 나폴리라는 도시 이름은 여러 차례 나를 스쳐지나갔다. 외국문학을 전공하기로 했을 때 내 일본어 실력이 빈약해질 것을 우려한 아버지가 틈날 때마다 읽어보라고 권해준 『즉흥시인』*에서도 '拿破里'라는 한자로 표기된 나폴리가 주요 배경이었다. 원작자 안데르센이 낭만주의 시대의 북유럽 사람다운 동경을 품고 밝은 태양이 있는 혼잡한 사랑의 도시로 그려낸 나폴리는, 당시의 일본 독자에게 얼마나 꿈결같이 느껴졌을까. "나폴리를 보고 죽어라"라고 여섯 살 난 딸에게 적어 보낸 아버지의 마음속에는 마침내 감람나무와 홍귤나무가 무성한(물론 안데르센이 아니라 모리 오가이의) '남쪽 나라'를 목격한 감개가 있었으리라.

오랜 세월이 지나 이탈리아에서 십여 년을 살게 되면서도 주로 북부에 머물다보니 나폴리를 접한 기회가 거의 없었다. 나폴리 출신 친구는 몇 명 있었지만, 노래하는 듯 심한 사투리와 수사가 많은 어조, 요설 등이 입이 무거운 북부 롬바르디아 사람에 비해 인상적이긴 했어도 나폴리에 대해 이렇다 할 인식을 하지는 못했다. 북부 출신 남편과 함께 일본을 찾아 이탈리아 이야기를 할 때마다 여전히 나폴리에 대해 물으며 눈을 반짝이던 아버지에게도 우리는 만족스러운 정보를 주지 못했던 것 같다.

---

* 안데르센의 장편소설. 일본에서는 모리 오가이의 번역으로 1892년에서 1901년까지 잡지 『시가라미조시』 등에 발표되었고 1902년 단행본이 출간되었다.

그러면서도 딱 한 번, 소렌토에서 여름휴가를 보낸 적이 있다. 〈돌아오라, 소렌토로〉의 감미로운 멜로디로(노래에서 소렌토는 '수리엔토'라는 방언으로 발음되는데 이것이 또 독특하게 관능적인 분위기를 자아낸다) 일본에도 잘 알려진 도시 소렌토는 나폴리에서 50킬로미터쯤 남쪽에 있다. 우리는 레몬나무숲으로 둘러싸인 도시 외곽의 작은 펜션에 머물렀다. 카프리 섬이나, 모리 오가이가 '琅玕洞'이라는 번역어로 영혼을 빼앗는 아름다움을 잘 전해준 그로타 아추라(푸른 동굴)에서 짧은 여행을 즐기고 주변 언덕을 뒤덮은 올리브와 감귤류 숲에도 감탄했지만, 말이 통한다는 것 말고는 아버지와 별 차이 없이 관광객으로서 추상적으로 나폴리를 접촉했을 뿐이었다.

1983년 이른봄부터 여름까지 몇 달을 나폴리의 대학에서 보내게 되었다. 일본의 '나폴리 체험자' 몇 명에게 여러 '실화'와 자질구레한 주의를 듣고서 살짝 긴장한 채 나폴리 공항에 도착했다. 집을 구할 때까지 한 달은 번화가 근처의 경찰서(순찰차 사이렌 소리 때문에 몇 번이나 한밤중에 잠에서 깼다)와 시청, 중앙우체국으로 둘러싸인 싸구려 호텔에 묵기로 했다. 대학교까지는 걸어서 십오 분 정도 걸렸는데, 지름길로 가려면 삼 년 전 지진 이후 아직 복구가 덜 되어 철근이 드러난 낡은 건물들 사이를 지나야 했다. 장맛비에 청소업체 파업이 겹쳐 길바닥이 더러웠다. 매순간 발치를 조심해야 하는 끔찍한 통학길을 오가는 사이 나는 "나폴리를 보고 죽어라"라는 아버지의 말도 잊고 있었다. 호텔에서 50미터도 떨어져 있지 않은 '비아 로마'가 범죄를 저지르고 도망치던 '즉흥시인' 안토니오를 맞아준 '톨레도의 거리', 즉 오십여 년 전까지 톨레도 가라고 불리던(그리고 지금도 나이 든 나폴리 사람들은 톨레도라고 부르는) 중심가인 줄도 몰랐을 정도로, 나는 이 도시에 익숙해지느라 여념이 없었다.

저녁 무렵 우리는 목적지에 도착했다. 눈앞에 화려한 톨레도가 펼쳐져 있었다. 그것이 나폴리의 고르소였다.

불이 환히 밝혀진 가게들, 오렌지와 무화과를 산더미처럼 쌓아올리고 등잔과 각양각색의 아름다운 등롱을 매달아놓은 노점들, 이런 수많은 불빛으로 거리 전체가 마치 별이 뿌려진 커다란 강물처럼 보였다. 거리 양쪽에는 높은 집들이 이어져 있고, 창문마다 발코니가 딸려 있었다. 건물 모퉁이를 빙 둘러 가며 발코니를 달아놓은 곳도 있었다. 그런 발코니에 남자와 여자들이 서 있는 것을 보니, 아직도 즐거운 사육제가 계속되고 있는 게 아닐까 하고 여겨질 정도였다.

마차 한 대가 다른 마차와 아슬아슬하게 스치면서, 길바닥에 깔아놓은 부드러운 현무암 판석에 말발굽이 미끄러졌다. 작은 이륜마차가 다가왔다. 좁은 마차 안에는 대여섯 명이 들어차 있고, 꽁무니에는 누더기를 걸친 젊은이가 우뚝 서 있었다. 그뿐 아니라 마차 밑에서 흔들리고 있는 그물 속에는 웃통을 벗은 노동자가 편안히 누워 있었다. 이렇게 많은 사람을 말 한 마리가 끌고 있는 것이다. 어느 길모퉁이 집 앞에는 불이 피워져 있고, 그 앞에서는 수영복 바지와 단추 하나만 채운 셔츠 차림의 두 사내가 아무렇게나 드러누워 카드를 하고 있었다. 손돌림 풍금과 아코디언이 울리고, 여자들이 거기에 맞춰 노래를 부르고 있었다. 모두 쇳소리를 지르고, 모두 어지럽게 뒤섞여 뛰어다니고 있었다. 병사도, 그리스인도, 터키인도, 영국인도 거기에 가담했다. 마치 별천지에 끌려온 듯한 기분이 들었다. 그곳에는 상상했던 것보다 훨씬 남국적인 생기가 숨쉬고 있었다. 부인은 그녀의 쾌활한 나폴리를 보고 손뼉을 치며 기뻐했다. 웃고 떠드는 그녀의 나폴리에 비하면 로마는 그야말로 무덤에 불과했다.*

이것은 『즉흥시인』의 주인공 안토니오가 처음으로 나폴리 땅

* 안데르센, 『즉흥시인』, 김석희 옮김(웅진지식하우스, 2005).

을 밟았을 때의 정경이다. 그러나 당초 내 눈에 비친 이 도시는 훨씬 잿빛이고 구슬펐다.

『즉흥시인』은 1838년경 안데르센이 첫 이탈리아 여행의 감격적인 경험을 바탕으로 써낸 작품이라고 하니, 여기 그려진 나폴리는 지금부터 백 년도 더 전의 모습인 셈이다. 기원전부터 19세기까지 쭉 그리스, 노르만, 로마, 프랑스, 스페인 등 '외국'의 통치를 받아온 나폴리는 뒤이어 부르봉 왕가, 나폴레옹의 형 주제프 보나파르트의 손에 넘어갔고, 이 소설이 쓰인 당시는 왕권을 되찾은 부르봉 왕가의 페르디난도 2세 치하에 있었다. 이 통치자는 보수 반동의 괴물로 불리지만 다른 한편 도시의 근대화에 주력해 공업을 진흥시키고 나폴리 최초로 철도를 부설한 인물이기도 하다. 즉 안데르센이 방문한 나폴리는, 적어도 위정자 입장에서 볼 때 자본주의적 체제로 이행해가는 시대 특유의 활기로 가득했을 것이다. 그러나 북유럽 사람인 안데르센의 묘사가 조금 과장되었다고 해도, 앞서 인용한 시가지의 정경에서는 근대화의 그림자도 찾아보기 힘들다. 사실 몇 번이나 외국군에게 점령당한 경험 때문에 나폴리 사람들은 정치를 신용하지 않고, 어떤 정부에도 협력하지 않았다. 늘 활력이 넘치지만 이는 오늘이나 내일에 대한 희망이 아니라, 필시 그들 핏속을 면면히 흐르는 신기한 자연의 정기 같은 데서 비롯된 것이다.

한 달간 호텔 생활을 한 끝에 나는 운좋게도 학교에서 걸어서 삼 분 거리의 아파트를 빌릴 수 있었다. 나폴리 대학의 젊은 연구자가 평소 연구실로 쓰던 집을 비워준 것이다. 적어도 이백 년은 되어 보이는 (엘리베이터가 없는) 건물 5층에 있는 집은 크기는 작아도 웬만한 집기를 다 갖추고 있었다. 세련된 취향의 현대풍 가구도, 널찍한 침실 겸 서재도, 지붕창이 달린 좁지만 밝은 부엌도 모두 마음에 들었다. 무엇보다 두 방을 합친 것보다 넓은 크기의 테라스가 코너를 끼고 펼쳐져 있어서, 이른바 나폴리의 고지대인 보메로 언덕과 나폴리 만을 두 방향에서 내려다볼 수 있다는 점이 좋았다. 맑은 날이면 저멀리 카프리 섬까지 보였는데, 이런 호사스러운 조망이 몇 달 동안이나마 내 것이 된다니 소리라도 지르고 싶을 만큼 기뻤다.

그러나 멋진 가구와 훌륭한 조망도 이 집의 위치에 비하면 그다지 큰 장점이 못 되었다.

나폴리, 또는 고대 그리스인들이 네아폴리스라고 부른 이 도시가 생긴 것은 기원전 200년경으로 추정된다. 그리스 본토의 모시母市를 '구도시'라는 뜻의 팔레아폴리스라 이름 붙이는 한편 이곳을 네아폴리스, 즉 '신도시'라 명명한 것이다. 그리고 현재 나폴리 중심을 가로지르는 세 도로인 안티칼리아 거리, 재판소

(트리부날레) 거리, 스파카나폴리가 당시 도시계획에 의해 중심가로 설계되었다. 내가 빌린 아파트는 이중에서도 가장 유명한 스파카나폴리에 있었다.

1947년에 출간된 도메니코 레아의 동명 소설로 유명해진 거리 스파카나폴리는 나폴리 사람의 마음속에 제각각 다른 느낌으로 단단히 뿌리내린, 참으로 묘한 활기가 넘치는 곳이다. 여기서는 24시간 내내 인간이 빚어내는 갖가지 행위가 갖은 종류의 불협화음을 이루면서 동시에 진행된다. '스파카'란 '두 동강 나다'라는 뜻인데, '양분되다'라는 한문투 어감이 아니라 마치 장작이 쪼개지듯이 말 그대로 '두 동강' 나는 느낌에 가깝다. 그러므로 이 거리의 이름은 '두 동강 난 나폴리' 정도가 되겠다. '스파카'라는 발음에는 '싹둑' 하는 속시원하고 서민적인 울림이 있다. 고대부터 형성된 세 도로의 중앙이라 나폴리의 역사적 도심을 반으로 나누는 위치기도 하다.

나폴리와 나폴리 사람을 좋아했던 남편은 살아생전 스파카나폴리가 나폴리의 서민 정신을 얼마나 잘 보여주는지 몇 번이나 얘기하곤 했다. 그런 이야기의 주인공으로 이 거리에 살던 한 아주머니를 꼽을 수 있는데, 그녀는 매일 아침 덜컹거리는 낡은 의자 하나를 집 앞 길 한복판에 가져다놓고 털썩 앉는다고 한다. 그때 나는 당연히 엉덩이가 풍만하고 전체적으로 육중한 중년 여자를 상상했는데(물론 소피아 로렌을 연상해도 좋다), 스파카나폴리는 폭이 4미터 정도밖에 안 되는 상당히 좁은 길이다. 아주머니가 버티고 있으면 자동차는 몰라도 트럭은 절대 지날 수가 없다. 그곳에서 아주머니는 사설 통행세를 징수한다는 것이다.

트럭이 온다. 아주머니는 의자에 앉아 있다. 운전자가 경적을 울려도 바위처럼 꿈쩍 않는다. "내 집 앞에 내가 앉아 있겠다는데 뭐가 불만이냐"라는 게 아주머니의 논리란다. 두 사람이 한참 실랑이를 벌이다 결국은 "그래, 기어코 지나겠다면 날 치고 가라"라며 끝내 버티는 아주머니의 승리로 끝나고, 운전자는 얼마간의 돈(오늘날 우리의 금전 감각으로 보면 십 엔 정도의 푼돈)을 지불하고 지나간다. 놀랍게도 이웃이나 주변 사람들은 그런 행위를 아주머니의 당연한 생활수단으로 인정하고, 퍽 좋은 생각이라며 부러워할지언정 말리거나 깔보는 일은 없다고 한다.

밀라노에서 살면서 이 이야기를 들었을 때는 설마 그러랴 싶었는데, 스파카나폴리에서 다섯 달을 살아보고는 고개가 끄덕여졌다. 게다가 스파카나폴리만이 아니라 이 도시의 서민가라면 어디서나 나올 수 있을 법한 얘기였다. 그런데도 굳이 스파카나폴리가 그런 이야기의 배경으로 등장한다는 사실은, 이 동네 주민이 나폴리의 서민 기질을 대표하고 있음을 알려준다는 것도 점차 알게 되었다.

그리 크지 않은 도시에서 반년 가까이 일하며 가정을 꾸리고 살다보면 아무래도 관광객일 때와는 확연히 다른 방식으로 실생활에 임하게 된다. 그러나 그전까지 이탈리아의 크고 작은 도시에서 일정 기간을 보내며 각 지역을 나름대로 이해하고 그런 방법도 익혔다고 자부했으나, 나폴리에 와서는 깊은 좌절감에 빠지고 말았다. 한동안 모든 감각이 둔해진 듯 반사신경이 제대로 작동하지 않아 짜증이 날 정도였다. 예컨대 길을 건너려는데 차가 전혀 예상 못한 속도로 때와 장소를 가리지 않고 달려오는 게 나폴리에서는 일상이었다. 도로가 경기장이고 상대가 공이라고 보면 무척 단순한 설정이지만, 길 건너기와 축구 경기가 전혀 다른 것이라고 판단하도록 학교교육과 시민교육을 통해 길들여진 나는 저도 모르는 사이 경직돼버린 정신과 육체가 알맞은 대응법을 찾지 못해 일종의 굴욕감에 시달려야 했다.

"나폴리는 이탈리아에서 내가 가장 싫어하는 도시입니다. 흔히들 말하는 이탈리아의 불쾌한 면은 사실 다 나폴리에 있습니다. 이렇게 고약한 도시가 이탈리아를 대표해서는 안 될 노릇입니다."

미술평론가 이타가키 다카오는 명저 『이탈리아의 성당』에서 이렇게 술회했다. "새하얗고 농염한 모습을 초록빛 물에 비추는",

혹은 "테베레 강 기슭에 중세의 쓸쓸한 환상을 전해주는" 역사적인 사원들을 찾아 "페루지노의 그림처럼 한가롭고" "가을 햇볕이 감람나무 잎사귀에 비치는 평화로운 들판이 멀리 나직하게 펼쳐지는" 전원 풍경을 접하고 그때마다 가슴 가득한 환희를 묘사하던 저자가 유독 나폴리에 대해서는 이토록 혹독한 비판 몇 줄로만 정리해놓은 것이다. 일찍이 아버지가 보낸 엽서의 글귀 "나폴리를 보고 죽어라"와 같은 황홀감은 어디서도 찾아볼 수 없다.

막 나폴리에 살게 된 나의 느낌 역시 아버지의 황홀감보다 이타가키 씨의 곤혹스러움에 훨씬 가까웠다. 이 도시에는 질서나 근면 같은, 이럭저럭 현대 세계를 살고 있다고 자부하는 우리가 사회생활에서 나날이 준수해야 한다고 믿으며 타인에게도 힘주어 강요하는 갖가지 사회도덕을 대놓고 무시하며 큰 소리로 웃어넘기는 면이 있다. 널찍한 테라스에서 카프리 섬과 보메로 언덕, 직선적인 고딕 양식의 산타키아라 성당 측면이 내려다보이는 너무나 현대적이고 세련된 인테리어의 내 아파트 또한, 막상 살아보니 온 집안을 뒤져도 멀쩡한 전기 콘센트 하나 없고 주방이고 욕실이고 걸핏하면 물이 막히는 등 설비가 엉망이었다. 저녁마다 쓰레기를 들고 엘리베이터도 없는 건물 (18세기에 지어져 천장이 무척 높은 건물이라 한 층 사이의 계단도 엄청나게 길었다) 1층으로 내려갔다가 다시 5층까지 올라오는 것도 고역이었다.

하지만 그런 생활도 날이 갈수록 조금씩 익숙해졌다. 빵을 굽는 동안에는 플러그를 손으로 잡아 고정하면 되고, 허드렛물은 빠질 때까지 기다리면 될 일이다. 그렇게 여유를 가지니 테라스의 경치도 진심으로 즐길 수 있게 되었다.

집에 익숙해지자 점점 범위를 넓혀서, 스파카나폴리와 그것이 대표하는 서민 문화에도 당황하지 않고 나아가 즐기는 법을 터득했다.

그 무렵 매일 학교를 오가며 지나치던 채소가게의 아주머니가 나의 나폴리 학습에 중요한 사전 역할을 해주었다. 처음 그 가게가 눈에 띈 이유는 향이 강하고 살짝 쓴맛이 돌아 내가 좋아하는 샐러드용 채소 루게타를 퍽 신선하게 팔았기 때문이다. 얼굴이 익자 아주머니는 지나가는 나를 보면, 오늘 루게타가 아주 좋아요, 라고 말해주곤 했다. 단골이 되니 가격도 점점 싸졌다. 1킬로그램에 얼마라고 가격표가 붙어 있어도 전에는 저울에 달 때 잠깐 정신을 팔면 순식간에 가격이 뛰어 있었더랬다.

그 가게는 채소를 항상 신문지에 싸주었다. 마침 지난 신문을 처리하는 데 애를 먹던 나는 신문이 쌓이면 학교 가는 길에 아주머니에게 들러 건네주었다. 몇 번 그러다보니 우리는 점점 친해졌다. 어느 날 여느 때처럼 집으로 오는 길에 들르니 아주머니가 이런 말을 했다. “부인, 고마워서 어쩌나. 그렇게 귀한 걸 다 주고. 그런데 정말 받아도 되나 몰라.”

순간 영문을 몰라서 어리둥절해하자 아주머니는 말을 이었다. “아아, 당신은 마음이 넓은 사람이니 나한테 선물한 게 맞겠지요? 정말 고마워요.” “대체 무슨 말씀이시죠?” 어렵사리 물어본 내 눈앞에 아주머니는 사라사 무늬 손수건 한 장을 흔들어 보였다. “멋진 손수건이에요. 분명 나 주려고 신문지 사이에 넣어둔 줄은 알았지만, 혹시라도 아니면 어쩌나 해서 물어봤어요. 아무 말 않으면 훔친 거나 마찬가지니까요. 마음 써줘서 정말 고마워요.”

아차 싶었다. 아무데나 놔둔 내 손수건이 신문들 사이에 끼여 아주머니에게 전해진 것이다. 하지만 이미 아주머니 손으로 넘어간 이상 나는 고작 이렇게 말할 수 있을 따름이었다. “그런데 쓰던 거라 뭐하니 잘 빨아 다려서 다시 갖다드릴게요.” “에이, 뭐하러.” 아주머니는 말했다. “여튼 나한테 주신 건 맞군요. 고마워요. 세탁은 내가 해야지요. 고마워서 어째. 정말 근사한 손수건이에요.”

이리하여 나는 좀 사치스러운가 하면서도 나를 위해 도쿄를 떠나기 전 샀던 큼직하고 예쁜 손수건을 잃어버렸다. 아, 당했다, 하고 머리를 긁적이고 싶었으나 어쩐지 화가 나지 않았다.

게임에서 진 어린애 같은 분한 마음이 남았을 뿐이다.

또 어느 날은 가까스로 도서관에서 일을 마치고 오후 세시가 지나 늦은 점심을 먹으려고 샐러드 재료를 사러 온 나에게 아주머니가 "어머, 아직 점심을 안 먹었어요?" 하고 놀라는 표정으로 묻더니 "그럼 우리랑 같이 먹지그래요?"라며 권했다. "차린 건 별로 없지만, 마침 먹고 있던 참이니 앉아서 한술 뜨고 가요."

아주머니가 가리킨 가게 한구석에서는 그녀의 아들이 나무상자 위에 식기를 늘어놓고 익힌 토마토와 달걀로 만든 간단한 요리를 묵묵히 떠먹고 있었다. 알게 된 지 고작 한 달, 남이나 다름없는 외국인을 이런 소박한 식탁에 불러준 아주머니의 마음이 고마워서 나는 사양하면서도 눈물이 나올 뻔했다. 나폴리의 근사한 선물을 받은 기분이었다. 북부 도시에서는 십여 년간 한 번도 경험하지 못한 따뜻한 환대였다. 밀라노가 현대적이고 나폴리는 전근대적이라는 식의 너무도 안이한 설명은 진짜 모습을 전해주지 못한다.

학교 일로 바쁘기도 하고 끊임없이 핸드백에 신경써야 하는 인파 속에 섞이기가 내키지 않아서 도시에 어느 정도 익숙해진 뒤에도 나의 나폴리 관광은 지지부진했다. 멀리 갈 것도 없이 스파카나폴리에는 여행자를 상대로 하는 고색창연한 금세공점과 정체 모를 고물상(그리고 기막히게 맛있는 산딸기 타르트를 파는 제과점 스카투르키오)들 사이로 유서 깊은 관광지가 많았다. 14세기 『데카메론』을 쓴 보카치오가 일했다는 은행(지금도 버젓이 영업중이며 내가 나폴리에 도착한 다음날인가 건물 지붕을 뚫고 도둑이 들었다는 기사가 신문지상을 떠들썩하게 장식했다. 나중에 대학교 월급을 받으러 그 은행에 가야 했는데 다행히 동료 교수가 함께 가주어 안심했다)이나 18세기 철학자 잠바티스타 비코가 살았던 집 등이 엎어지면 코 닿을 데에 있었다. 또한 역사적으로나 지리적으로나 가까운 곳으로는 우리집 맞은편에 있던 20세기 이탈리아 최고의 철학자 베네데토 크로체의 저택(지금은 연구소가 되었는데, 늘 양지바른 곳에서 낮잠을 자는 하얀 고양이 한 마리가 내 방 창문 너머로 보였다)을 꼽을 수 있고, 그 옆에는 이타가키 다카오도 그럭저럭 인정해준 "루스티카*를 사원 파사드에 응용해 색다른" 스페인풍 제수누오보 성당이 있었다. 그리고 맞은편에는, 본당은 "극히 속악"하고 번드르르한 바로크 양식이지만 수직선을 강조한 외벽이 두드러지는, 이탈리아에서 보기 드문 북방계 고딕 건물 산타키아라 성당이 있었다. 우리집 테라스 바로 앞에 펼쳐진 그 성당의 우아한 프랑스풍 고

* 르네상스 시대 이탈리아 주택 건축법 중 하나. 외벽의 돌에 요철을 만들어 견고함과 위용을 표현하는 기법이다.

딕 양식은 바로크의 곡선이 지배하는 나폴리에 지친 내 눈과 마음에 깊은 평온함을 안겨주었다.

누가 뭐래도 나와 나폴리의 관계를 근본적으로 바꿔놓은 것은 스파카나폴리에 면한 산도메니코마조레 성당과의 신기한 만남이었다.

어느 일요일, 나는 신문을 사러 나간 김에 키오스크 바로 뒤의 그 성당에 들어가보았다. 이타가키 다카오는 이 성당을 "무미건조하다"는 한마디로 일축했다. 사실 내가 이 동네에 산 지 몇 주가 지난 그날까지 발을 들이지 않은 가장 큰 이유도 외관이 너무 평범하달까, 양식이 없달까, 아무튼 아무런 흥미도 자아내지 못했기 때문이나. 안에 들어서려다 말고 나는 멈춰 섰다. 건물 크기에 비해 입구가 이상하게 작았던 것이다. 바로 이 점 때문에 학교를 오가는 길목인데도 그날까지 들어가보려는 생각이 들지 않았나 싶기도 했다. 아무리 봐도 뒷문 같은 문을 밀고 들어서자마자 구부러진 계단이 나왔고, 본당은 3층쯤에 있었다. 미사 시간이 진작 지나 안은 텅 비어 있었다. 중세 신학의 거장 토마스 아퀴나스가 만년에 연구생활을 하던 곳이라고는 도저히 믿을 수 없을 만큼 지독히 무미건조한 공간이었다. 그래도 나는 얼마간의 족적을 찾아 본당을 둘러보았다. 그러다 발견한 것이 토마스와 아무런 관련 없는 두 개의 기묘한 기념물이었다.

그중 하나는 어두운 구석, 제단 아래 유리상자 안에 눕혀진 사람 모양의 물체였다. 유럽에는 성자로 인정받은 사람들의 유해를 제단 아래 안치하고, 특히 생전 모습 그대로 미라가 된 경우는 일종의 기적으로 여겨 숭배하는 풍습이 있다. 현대인의 감각으로는 섬뜩하게만 느껴지는 이 풍습은 오늘날도 이탈리아 남부의 특정 사회계층에서는 토속적 관습과 어우러져 두터운 신앙의 대상이 되고 있다 한다. 산도메니코마조레 성당 한구석에 있던 그 성인의 유해는 어린아이처럼 작은 몸에 하얀 무언가를 두르고 있었다. 커다란 글씨로 적힌 설명문에 눈길이 가서 읽어보니 내용이 참으로 기이했다.

설명문에 따르면 이 성자는 아직 기독교가 박해받던 로마 시대에 순교한 소년으로, 고대부터 로마의 한 교회에 안치된 그 유해가 다양한 질병, 특히 '폐병'을 고쳐준다고 믿어져 숭배를 받아왔다. 그러다 17세기 무렵 나폴리의 귀족 아무개가 큰 공을 세워 놀랍게도 교황에게 포상으로 이 유해를 받았다. 주는 사람도 그렇지만 받는 사람도 대단하다. 더욱 우스꽝스러운 사실은 그 귀족이 죽자(상속세 문제도 없었을 텐데), 유족이 유해를 관리하기 힘들다며 이 교회에 기부해버린 것이다. 그것으로 끝인고 하니 이어지는 이야기가 또 있다. 1880년대 프랑스 리옹에서 온 순레단 일행이 감시인의 눈을 피해 유해의 늑골 하나를 훔쳐가버린 것이다. 지금도 그 뼈는 리옹 어딘가의 교회에 있다고 설명문에 쓰여 있었다.

도대체 어디까지가 사실이고 어디서부터 날조인지 알 수 없지만, 어쨌든 보카치오의 작품을 빼닮은 이 이야기의 터무니없음과 당대 이성으로 이름을 날리던 프랑스인이 집단으로 늑골을 도둑질했다는 사실이(하긴 이것도 한때 프랑스 부르봉 왕조에 시달린 나폴리 사람의 날조인지 모른다) 너무 우스웠다. '폐병'이 거의 소멸한 현재는 소년의 쓸모가 없어진 듯, 설명문을 읽는 데만도 상당히 시간이 걸릴 만큼 어두운 구석에 자리한 제단에는 꽃 하나, 촛불 하나 놓여 있지 않았다. 다시 한번 유심히 보니 이닌 게 아니라 유해에 입혀진 옷은 투니카라 불리는 로마 시대의 짧은 백의였다. 물론 늑골 한 대가 부족한지는 알 수 없었다.

뜻밖의 발견에 기분이 좋아진 나는 본당 안을 더 둘러보고 또 하나의 색다른 기념물을 만났다. 역시 주 제단의 반대편 바닥에 끼워진, 라틴어와 영어로 적힌 묘비였다. 뉴욕과 아일랜드 등 지명이 새겨져 있어 눈길이 갔는데, 묘비명에 따르면 여기 매장된 성자는 놀랍게도 뉴욕의 초대 가톨릭 주교였다. 그런 사람이 왜 나폴리에 매장되었는가. 연대는 잊어버렸는데, 그는 아일랜드의 수도 더블린에서 태어나 로마에서 신학을 수학했으며 뉴욕으로 가라는 교황의 명을 받고 주교 자리에 올랐다. 그러다 나폴리 항에서 뉴욕으로 가려던 길에 전염병에 걸려 목숨을 잃은 것이다. 이야기가 여기서 끝이라면 안됐다는 등 감상에 젖을 수는 있어도 일단 상식선을 벗어나진 않는다. 내가 놀란 것은 그가 주교로 임명되고 나폴리로 오기까지 삼십 년 남짓, 믿을 수 없을 만큼 오랜 시간이 걸렸다는 점이다. 그렇다면 이 사람은 거의 평생 로마에 살면서 뉴욕으로 가야지, 가야지 하며 하루하루를 보낸 셈이다.

뭔가 정치적인 이유가 있었을까. 아니면 그저 뉴욕 같은 시골로 가기 싫어서 로마에서 시간을 때운 것일까. 다른 일에 얽매여 해야 할 일을 못하는 경우는 일상에서 그리 드물지 않지만 그게 삼십 년이나 지속된다면 어떤 기분이 들까. 스스로가 변함에 따라 머릿속 뉴욕의 이미지도 점점 변해가진 않았을까. 그러다 결국 출발할 때가 온 것이다. 그토록 오랜 기다림이 여전히 출발의 가능성과 이어져 있었다는 사실이 그 시간의 길이에 버금갈 만큼 신기하게 느껴져 나는 묘한 감동을 받고 말았다.

더군다나 그는 출발을 목전에 두고 그다지 희귀하지도 않았을 역병의 희생자가 되고 말았다. 더구나 고향 더블린도 아니요, 오랫동안 살아온 로마도 아닌, 그저 지나가는 곳이었던 나폴리에서. 아, 이건 기대로 세월을 보내다 부질없이 끝나버린 일생이었을까, 아니면 버티고 버티다 더는 피할 수 없어 신대륙으로 가려는 참에 마침 질병이 찾아왔던 걸까. 어쨌든 정말 생각지도 못한 죽음이었으리라.

얼핏 무미건조해 보이는 산도메니코마조레 성당은 뜻밖에도 이렇게 드라마틱한 기념물을 감추고 있었다. 그리고 나는 이쯤 되는 건물이라면 으레 갖추고 있을 정문을 찾다가 끝내 발견하지 못해 다시 처음 들어왔던 통로로 빠져나왔다. 일요일 오후의 스파카나폴리는 무척 고요하여 평일의 혼잡이 거짓말 같았다.

산도메니코마조레 성당의 두 무덤과 만난 일을 계기로 내 안의 무언가가 바뀐 것은 분명하다. 게다가 이유를 확실히 짚어낼 수는 없지만 나는 나폴리를 나름대로 이해하게 된 듯했다. 그저 나폴리와 이곳 사람들에 대한 의문에 전처럼 신경질적으로 답을 구하려 하지 않게 됐는지도 모른다. 점점 이 도시는 전체적으로 받아들일 수밖에 없다는 생각이 들었다. 일면에 자꾸 화를 내면 아무리 시간이 지나도 이 도시와 친구가 될 수 없다. 우선 전체를 받아들이고 천천히 살피다보면 어느 날 뜻밖의 선물을 받게 된다. 난데없이 무언가가 튀어나와 발을 거는 위험도 늘 따르지만.

최근 어느 책을 읽다가 문득 나폴리가 떠올랐다. 안토니오 타부키의 『인도 야상곡』으로, 근래 이탈리아와 프랑스에서 좋은 평가를 받은 소설이다. 거기에 이런 이야기가 나온다. 어느 책에

한 흑인이 기세 좋게 두 팔을 쳐들고 마치 결승선을 눈앞에 둔 마라톤 선수 같은 포즈를 취한 사진이 실렸다. 그런데 다음 페이지에서 그 사진이 전체의 일부일 뿐임이 밝혀진다. 원래는 남아프리카의 흑인을 탄압하는 광경을 찍은 것으로, 승리의 순간처럼 두 팔을 든 흑인은 막 경찰의 총탄에 맞아 쓰러지던 차였다. 그리하여, 첫째 사진에는 '선택된 부분은 신중히 보시기 바랍니다'라는 설명이 달렸다고 한다. 작품 전체를 파악하지 않고 일부만으로 넘겨짚는 것은 위험하다고, 작가 타부키는 그답게 태연한 문체로 이야기한다.

"나폴리를 보고 죽어라"라는 아버지의 말은 뜻밖의 모습으로 나를 찾아왔다. 오십 년 전 관광객으로 이 도시를 방문한 아버지의 나이는 나폴리에 일자리를 잡고 반년이나 생활한 내 나이의 딱 절반 정도였다. 하지만 아버지도 딸도 각자의 관점에서 이 도시를 이해하고, 이 도시를 사랑하며, 저마다의 '나폴리를 보고 죽'을 수 있게 되었다.

귀국이 머지않은 무렵, 한 친구가 아버지의 엽서 속 경치와 같은 곳으로 나를 데려가주었다. 그곳에는 사진과 똑같은 소나무가 있었고, 나폴리 만 너머로 베수비오 화산이 특유의 웅장한 산

가슴을 펼쳐 보였다. 소나무가 고사하면 다시 똑같은 나무를 구해와 심는다고 그 친구는 말해주었다.

세르조 모란도의 친구들

오랫동안 이탈리아에 살면서, 가장 유익했다고 하면 좀 이상하지만, 가장 즐거웠던 시기를 꼽자면 밀라노에 살며 봄피아니 출판사에 드나들던 때인 것 같다. 그렇다고 출판사 사람들과 두루 친분을 쌓은 것은 물론 아니고(원래 출판사와의 관계가 그렇겠지만) 세르조 모란도와 파올로 데베네데티라는 두 편집자를 알게 됐을 뿐이나, 그 덕에 내 생활이 정신적으로 얼마나 풍요로워졌는지 모른다.

일본의 문학작품을 이탈리아어로 번역해보지 않겠느냐는, 그 무렵 나에게는 비할 데 없이 반가운 제안이 역시 출판 쪽에서 일하던 남편을 통해 날아들었다. 나는 어릴 때부터 지나칠 정도로 번역 일을 좋아했다. 자신을 드러내지 않고, 따라서 일종의 책임을 지지 않으면서도 문장을 만들어나가는 즐거움을 맛볼 수 있는 일이다. 더구나 이탈리아인 남편과 결혼한 뒤에는 나의 문화적 배경인 일본문학을 알아주었으면 하는 바람이 나날이 커져갔다. 그러므로 이탈리아 유수의 문학 출판사인 봄피아니에서 번역자를 찾는다는 이야기를 들었을 때, 나는 아무런 망설임 없이 이거야말로 나를 위한 일이라 믿고 말았다. 그때 만난 사람이 세르조 모란도다.

일본에서도 출판사 구경을 해본 적 없었던 나는 그날 바짝 긴장하고 길을 나섰다. 당시 봄피아니 출판사는 세나토 거리에 있었는데, 옛 밀라노 사람들의 자랑거리였던, 도심을 빙 둘러싼 나빌리오 운하를 매립해 만든 유서 깊은 도로에 그다지 크지 않은 건물이 서 있었다. 지금 생각하니 아마 사장 발렌티노 봄피아니의 조상과 연고가 있는 건물이었던 듯하다. 외관이 어땠는지는 거의 기억나지 않지만, 아마 그다지 특징 없는 베이지색 외벽에 회색 계열 비늘창이 달린, 밀라노 중심부에서 흔히 찾아볼 수 있는 네모난 건물이었을 것이다. 어렴풋이 떠오르는 것은 1층으로 들어서자마자 계단이 나오고 초입에 작은 안내창구가 있었으며, 복도가 좁아서 반대쪽에서 누가 오면 잠깐 멈춰 길을 양보해야 하는데다 어둑어둑해서 상대방 얼굴이 잘 보이지 않았다는 것 정도다. 하긴 상대방 얼굴이 잘 보이지 않은 이유는 내가 당황했기 때문인지도 모른다.

안내창구에서 알려준 대로 어두운 출판사 복도를 굽이돌아 모란도의 방에 다다랐다. 의외로 넓고 환한 방이었고, 그가 커다란 책상(일본에서 흔히 보는 철제 책상이 아니었다) 너머에서 일어나 나를 맞아주었다. 나탈리아 긴츠부르그는 『가족어 사전』에서 에이나우디 출판사를 창립한 줄리오 에이나우디에 대해 내성적이고 차가운 인상으로 첫 방문자를 두렵게 했다고 썼는데, 모란도의 경우는 내성적이지만 따뜻한, 그러면서도 일종의 혼란스러운 기색이 표정에서 읽혀 오히려 보는 내가 어색해졌다. 이제 와서 생각해보면 당혹감과도 닮은 그 표정은 젊은 외국인, 그것도 당시 밀라노에서 보기 힘들었던 일본 여자를 대하는 중년 남자의 아주 일반적인 혼란이라고 이해할 수 있지만, 그날 보인 감정은 그후에도 우리가 알고 지내는 내내 그림자처럼 따라다녔다.

또하나 내가 평소보다 주뼛거린 이유가 있었다. 그날까지 동료 학생이나 밀라노에서 만난 선의의 친구들(그 무렵 유학생, 특히 문학 분야 유학생은 허물없는 동료를 제외하면 대체로 이런 '선의의 친구'라 할 수 있는 유의 인간관계는 맺을지라도, 자국에서처럼, 혹은 말이 유창한 요즘 학생이나 회사원처럼 학문이나 직업상 진검승부를 펼치거나 경쟁할 상대는 사귀지 못한 채 귀국하는 것이 보통이었다)과는 충분히 어울렸지만, 꽤 중요한 의미를 지니는 일로 해당 분야의 전문가와 만나기는 유럽 생활에서 처음이었기 때문이다.

모란도는 모든 면에서 중년의 느낌이 배어나오는, 동작이 느릿하고 목소리가 낮은 사람이었다. 물기 어린 청회색 눈 아래 깊은 주름이 파여 어쩐지 피곤하고 어두운, 결단력이 부족해 보이는 인상을 풍겼다. 그의 손은 어떤 모양이었는지, 일부러 살펴보긴 했는지도 떠오르지 않는다. 그의 머리카락도, 머리 모양도 유심히 본 적이 없는 것 같다. 무관심했다는 뜻이 아니라, 그와 이야기하다보면 뭔가를 캐내려는 듯한 깊은 눈매에 신경이 쏠린 나머지 마치 그의 생각이 입이 아니라 눈으로 나오는 양 내내 눈을 마주치고 있었기 때문이리라. 훗날 남편에게도 내 친구 중 가장 신기한 사람은 모란도 같다고 말한 적이 있다. 아주 친하고 소중한 친구처럼 느껴지는 반면, 개인사는 아는 바가 거의 없고 그다지 알고 싶은 생각도 없다. 그런데도 봄피아니에 가면 몇 시간이나 같이 떠들고 만다. 대체 왜 그럴까, 하고.

물론 처음 만났을 때는 내가 일을 맡을지 어떨지 정해지지 않은 상태였다. 하지만 일은 완전히 뒷전이 될 정도로, 혹은 까맣게 잊어버릴 정도로, 초면의 모란도와 나는 서로의 이야기에 푹 빠져들었다. 몇 년 지나 알게 된 사실인데 당시 모란도는 봄피아니 출판사 편집부 외국문학팀의, 일본으로 치면 부장 같은 지위에 있었다. 친구의 소개로 온 내가 그런 사람과 명함을 교환하지도 않고 뻔뻔하게 마주앉아 있었던 것이다. 그런 지위가 출판사에서 상당히 중요한 자리라는 것도 한참 후에 다른 출판사와 일하면서 알게 되었다. 그쯤 되는 지위면 회사 밖에서도 널리 알려진 평론가나 작가인 경우가 많기 때문에, 그런 사람과 이야기를 했다는 것만으로도 주위에서 소감을 물어올 정도다. 어쨌든 모란도와 나는 '어딘가 마음이 맞았'는지도 모르겠다. 그런 상황을 잘 알아채지 못했던 이유는 그저 내가 세상물정을 몰랐고 그의 태도가 내성적이고 조심스러워서였을 것이다.

이 만남을 시작으로 십 년 가까이 모란도는 이탈리아의 상식에서 보면 경이로울 만큼 많은 책의 번역을 나에게 맡겨주었다. 칠백 쪽 남짓한 『일본현대문학선』(이 책은 최근에 드디어 페이퍼백이 나오기까지 1964년(초판) 이래 오랫동안 절판되어 있었다. 1980년대 중반 로마에서 만난 한 젊은 작가는 '모란도의' 그 책은 이십 년은 이르게 나왔다고 탄식했다)을 비롯하여, 다니자키 준이치로의 작품을 중심으로 한 열 권 가까운 일본문학 중에는 당시 이탈리아는 물론 전 세계 어느 나라에서도 아직 번역되지 않은 작품이 여럿이었다. '모란도 덕분'이라고 나는 늘 생각한다. 그가 없었다면 그만한 일을 해낼 체력도, 용기도 결코 내지 못했으리라.

잡담중에 어떤 작품에 대한 얘기가 나온다. 재미있을 것 같은데 줄거리를 써주겠느냐고 모란도가 말한다. 편집회의에서 통과되어 계약을 한다. 그러고 나면 몇 달 동안 그가 가끔 전화를 걸어온다. 어느 정도 진행되었나, 컨디션은 어떤가, 요즘 재미있는 책을 읽었느냐, 한번 만나러 오지 않겠느냐. 그러면 또 나는 총총 봄피아니 출판사로 향해 잡담을 나눈다. 그런 일이 반복되면서 몇 권의 책이 만들어졌다. 알고 보면 극히 평범한 편집자와 번역자의 관계인지도 모른다. 그러나 일본어를 모르는 그가 영역英譯도 안 된 일본소설의 번역을 나에게 맡기고 그토록 흥미롭게 진행과정을 지켜봐준 나날을 떠올리면 지금도 마음이 훈훈해진다.

그러나 앞서 말했듯 모란도와 나는 결코 '친밀한' 사이가 아니었다. 십 년 남짓 알고 지내면서도 기껏해야 일 년에 대여섯 번 만나는 정도였다. 새로운 일을 받으러 갈 때나 번역 원고에서 영 의미가 확실하지 않은 부분을 설명해야 할 때, 그리고 교정쇄가 완성되었을 때 등이다. 게다가 봄피아니 출판사 밖에서 만난 적은 없다(두 번쯤 우리집으로 저녁 초대를 한 것을 빼고는). 다만 한번 만나면 오래 머물렀다. 매번 오후 시간 대부분을 그의 사무실에서 보낸 것 같다. 최근에 호평받고 있는 작품이나 새로운 작가, 일본문학에 대한 이야기를 나누며. 그러면서 나도 조금씩 유럽의 문예비평을 배워갔다.

철학 및 종교 분야 편집자이자 가톨릭 대학 유대계 어학 교수이기도 한 그의 친구 파올로 데베네데티가 모란도의 방에 들렀다가 함께 이야기를 나눈 적도 있다. 유럽어 이외의(라고 해도 유럽어는 물론 중국어까지 아우르는) 언어로 쓰인 문학의 박람강기인 그가 대화에 가세하자 그만큼 화제의 폭도 넓어졌다.

언제였나, 봄피아니 출판사는 세나토 거리의 고풍스러운 건물을 매각하고 피사카네 거리로 이전했다. 도심에서 500미터쯤 멀어지게 되어 약간 격은 떨어지지만 훨씬 현대적인 사무실이었다. 집에서 가까워졌다며 나는 기뻐했다. 걸어가도 채 삼십 분이 걸리지 않았던 것 같다.

이 무렵부터 모란도의 방에 키 크고 깡마른 젊은 편집자 보나치나가 책상을 들여놓았다. 그는 모란도가 기획한 책의 번역이나 문장을 자잘하게 손보는 듯했다. 아니면 1964년에 나온 『일본현대문학선』 작업 때도 보나치나와 이런저런 의논을 했던 기억이 나니, 세나토 거리 시절부터 이미 회사에 있었는데 방이 달라서 마주치지 못했는지도 모른다. 이 사람도 모란도 못지않게 내성적이라(어쩌면 모란도는 내 생각만큼 내성적이지 않았는지도 모른다) 무슨 말을 하다가 별안간 얼굴을 붉히기도 했다. 모란도는 자주 내 앞에서 그를 놀리고는 빨개지는 그의 얼굴을 보며 함께 웃고는 했다. 한번은 어쩌다 아침으로 뭘 먹느냐는 이야기가 나왔는데, 보나치나는 속물이라서 아침부터 샴페인과 자몽을 먹는답니다, 라고 모란도가 말한 적이 있다. 설마, 하고 웃으면서도 순간 톡톡 거품이 이는 샴페인의 투명한 금색과 자몽의 연주황색이 보나치나의 산뜻한 수줍음과 겹쳐 내 머릿속에 각인되고 말았다. 아마 아르바이트 비슷하게 모란도의 일을 도왔을 보나치나의 개인사를 나는 전혀 몰랐다. 하지만 일할 때 그의 언어 표현력은 대단히 뛰어났다. 섬세하고 적확하게, 얼굴을 살짝 붉히며 건네는 제안을 나는 얼마나 감격하며 받아들였던가. 때로 모란도가 자리를 비워 보나치나와 단둘이 만난 적도 있는데, 그럴 때면 둘 다 견딜 재간 없이 어색해했던 것도 떠오른다.

보나치나가 마지막으로 내 번역을 거들어준 것은 1968년에서 1969년, 가와바타 야스나리의 『산소리』를 작업한 때였다. 번역일을 시작하면서부터 결과물을 봐주던 남편이 1967년 세상을 떠나자 나는 완전히 자신감을 잃어버렸다. 그래서 청탁을 받고는 일부를 번역하여 보나치나에게 이대로도 읽을 만한지 판단해달라고 부탁했다. 이게 엉망이라면 지금까지 내가 해온 일 모두 남편 덕에 가능했다 싶어(그 사실은 지금도 의심하지 않지만) 배수진을 치는 기분으로 맡긴 것이었다. 며칠 후 보나치나에게서 전화가 왔다. 예의 한마디 한마디 곱씹는 듯한 수줍은 투로 "괜찮아요, 이대로도 괜찮아요"라는 말을 듣자, 진정한 의미의 번역 경력이 이제 시작되었다는 생각이 들었다.

『산소리』의 최종 교정본을 가져갔을 때 모란도가 "이제 보나치나와도 이별이네요. 그만두기로 했거든요"라고 뜻밖의 말을 했다. 어디 가느냐고 내가 묻자 보나치나는 늘 그러듯이 얼굴을 붉히며 어깨를 움츠리고 약간 입을 삐죽이면서 "예, 집에서 좀 쉬려고요"라는 말을 했다. 마치 자기 의사가 아니라는 듯한 투였다. 그뒤로 그에 대한 이야기는 듣지 못했다. 어디 다른 출판사에 갔나 했지만 출판계에서도, 학교와 관련된 곳에서도 그의 이름을 듣지 못했다. 지금은 어디서 뭘 하고 있을까.

피사카네 거리로 옮겨오고 나서는 파올로 데베네데티와도 상당히 친해졌다. 그는 유대인으로 피에몬테 주 아스티 출신이었다. 유대인에 대한 논란이 끊이지 않긴 했지만 이탈리아처럼 인종차별이 전무하다 싶은 나라에 살면서도 단일민족 특유의 폐쇄성이나 외국인으로서 느끼는 위화감을 공유한다는 점, 바깥 세계에 대한 감수성이 있다는 점에서 적어도 나에게 유대인들은 종종 귀중하고 마음 편한 친구가 돼주었다. 일본에서 아무런 사회적 기반을 닦지 못하고 외국으로 와 기댈 언덕 없이 나 자신만을 믿어야 했던 시절, 그들은 여러 면에서 공감할 수 있는 사람들이었다.

파올로와는 모란도의 방에서 처음 만났는데, 내가 어느 가톨릭 그룹을 비판하자 그 얘기를 꼭 들려주고 싶은 사람이 있다며 모란도가 그를 부른 것이었다. 그렇게 의기투합한 뒤 모란도와 내가 잡담을 하는 자리에 가끔 파올로가 가세하게 되었다. 그 첫날, 실컷 수다를 떨고 헤어지려는데 파올로가 순간 피에몬테 사투리가 어렴풋이 섞인 개성적인 목소리를 낮추며, 남편분께 안부 전해주세요, 라고 했다. 그날 밤 남편에게 이런 사람이 당신에게 안부를 전했는데 이름을 까먹었다고 했더니 대략 특징이라도 말해보라길래, 유별나게 목소리 톤이 높은 사람이었다고 하자 남편은 아주 당연하다는 듯 아아, 파올로 데베네데티 말이군, 하며 바로 알아맞혔다. 아는 사이냐고 묻자 그렇다며 가톨릭 대학의 교수 아니냐는 것이다. 남편이 일 관계로 한참 전부터 알고 지낸 사이였다. 모처럼 내 힘으로 사귀었다고 생각한 친구가 남편의 오랜 지기임을 알고 나는 살짝 실망했다.

파올로는 저명한 언어학자이며 편집자(아마 베테랑인)이기도 했는데, 알고 지낸 지 이 년쯤 된 크리스마스에 선물로 직접 만든 소책자를 보내왔다. 손바닥만한 크기의 얇은 책자로, 노란 갱지에 고양이를 주제로 한 난센스 시 몇 편이 인쇄되어 있었다. 바스티오네라는 밀라노 옛 성벽에 밤마다 나타나 사랑을 하는 소리아노 고양이(사전에는 범무늬 고양이라고 나와 있지만,

이건 노란색 줄무늬를 가리키는 것이고 회색 바탕에 검은 줄무늬가 난 고양이는 고등어라 부른다고 예전에 고양이를 좋아하는 친구가 알려준 적이 있다)라든가 꼬리 없는 무책임한 고양이 이야기가 기발한 각운과 리듬을 타고서 달밤을 배경으로 실려 있었다. 해가 바뀌어 파올로를 만났을 때 고맙다는 말을 전하자 늘 수다스럽던 그가 문득 조용해지더니 빙긋 웃기만 하고 화제를 바꿔버렸다.

피사카네 거리 사옥 3층 파올로의 방은 도로 쪽을 보고 있었고, 맞은편에는 이탈리아어로 빌리노(작은 빌라)라고 하는 정원 딸린 석조 주택이 늘어서 있었다. 그중 자기 책상 바로 앞으로 내다보이는 집에 엄격한 유대인 가족이 산다고 파올로가 말해주었다. 어느 토요일, 일이 있어 출판사에 나와서 창문 너머를 내다보았다가 그 집에 찾아온 손님이 벨을 울리는 대신 고리쇠로 문을 두드리는 모습을 보고 그 사실을 알아차렸다고 했다. 토요일은 유대교의 안식일이므로 벨을 울리면 규율에 어긋난다는 것이다. 어느 날 일 때문에 파올로의 방(모란도의 방보다 컸다)에 갔다가 이 이야기를 듣고서, 나는 당장 무슨 일이 일어날 듯한 기분에 숨을 죽인 채 오후의 태양이 내리쬐는 그 집을 파올로와 함께 한동안 훔쳐보았다.

『산소리』가 출간된 지 얼마 되지 않아 파올로와 모란도 둘 다 봄피아니 출판사를 그만두고 가르찬티 출판사로 옮겨버렸다. 모란도는 여전히 외국문학 편집을 계속한 것 같은데(당시는 중국의 문화혁명, 미국의 베트남 침공, 학생운동 등으로 마르쿠제나 체 게바라가 대세였다. 밀라노 출판계나 지식층에서는 미국에 너무 협조적인 일본의 평판이 급격히 나빠졌고 일반 독자의 문학 수요도 줄어들고 있었다), 전처럼 전화하는 일도 없고 나도 발길을 끊게 되었다. 그러나 그 무렵 문학 소사전을 만들자는 이야기가 나오면서 내가 일본문학 항목을 맡게 되었다. 지금 이 글을 쓰면서도 모란도에게 청탁받은 것으로 기억하고 있었는데 사전을 펼쳐보고 깜짝 놀랐다. 놀랍게도 편집장이 파올로 데베네데티인 것이다. 호기심이 일어 같은 출판사에서 나온 『소백과사전』 뒷장을 펼쳐보니 거기도 파올로의 이름이 실려 있었다. 고등어 고양이에게 매료되고 건넛집 유대인의 종교적 경향을 주목하면서도 파올로는 큰 일거리를 맡아 해온 것이다.

모란도가 봄피아니 출판사를 떠났을 즈음 이탈리아 출판계는 크게 바뀌었다. 대자본의 영향력이 막강해지고 사전이나 주간지를 내지 않는 출판사는 하나둘 경영난에 시달렸다. 그에 따라 편집자의 성격도 바뀌어서 번역을 맡기고 계약하고 나면 감감무소식이었다. 나는 무심하고 조금 졸린 듯한, 그러면서도 묘하게 붙

임성 있는 목소리로 전화해서 일의 진척을 묻던 모란도와의 '긴밀한 관계'가 그리웠다. 주간지 등으로 경영이 안정된 소위 대형 출판사에서는 기껏 계약 기한에 맞춰 번역 원고를 가져갔더니 어느새 편집자가 바뀌어 있고, 계약했으니 번역료는 주겠지만 출판의 책임은 지지 않겠다는 식으로 말하는 바람에 마치 구걸이라도 하러 온 듯한 비참함을 맛본 적도 있었다.

남편이 세상을 떠난 지 사 년이 지나 결국 일본으로 돌아가기로 한 내 소식을 듣고 파올로와 모란도가 식사 초대를 해주었다. 그 무렵 밀라노에 막 생긴 일식 레스토랑이었던 것으로 기억한다. 돌아가게 되어 다행이라며 두 사람은 축하해주었다. 이별이 아쉬웠지만 이들은 정말로 내가 일을 통해 얻은 친구라는 생각에 기쁘기도 했다. 그런데 세나토와 피사카네 거리의 사무실에서 함께 수다를 떨던 무렵에 비해 두 사람 다 어쩐지 힘이 없어 보였다. 아니면 오랫동안 살며 정든 밀라노를 떠나는 슬픔을 그들의 얼굴에 투영했던 걸까.

귀국하고 눈 깜짝할 사이 십 년 넘는 세월이 흘렀다. 그리고 오 년 전쯤 어느 여름날 밀라노에 들렀다가 아무도 없을 줄 알면서도 파올로의 소식을 물으려 가르찬티 출판사에 전화를 걸었다. 그런데 뜻밖에도 어울리지 않게 톤이 높은 기억 속 목소리가 수화기 너머로 들려왔다. 오늘은 우연히 여기 들렀고, 오래전에 은퇴해 여동생과 아스티에 있는 집에서 여름을 보낸다, 부모님은 돌아가셨다, 당신이 아스티로 오면 여동생이 무척 기뻐할 거다, 파올로는 그렇게 말했다. 모란도는 어떻게 지내느냐고 묻자 한순간 침묵이 흐른 뒤 파올로의 목소리가 귓속으로 흘러들었다. 당신은 아무 얘기 못 들었군요. 작년에 죽었어요. 가르찬티 출판사를 사직하고 몬다도리 출판사로 가서 시시한 일만 맡아 하다가, 갑자기 뇌출혈로 죽었다는 것이다.

몬다도리는 문학뿐 아니라 주간지부터 생태학 잡지와 만화책까지 취급하는 거대 기업으로, 내가 넘긴 번역 원고를 그대로 묵혀버린 곳이다. 봄피아니는 몇 년 전 유명 대형 출판사 리촐리에 합병되어, 리나테 공항 근처의 도시 외곽으로 주소를 옮겼다. 이십 년 전 그 주변은 잠자리 같은 비행기가 지평선을 날아다니는, 황량한 변두리 도로변에 지나지 않았다.

가티의 등

반년에 한 번 사업차 일본을 찾는 친구 스테파노는 올 2월 나를 만나자마자, 꼭 전할 얘기가 있다며 말했다.

"가티가 죽었어."

어딘가에 또하나 깜깜한 구멍이 뚫린 듯한 기분이었다.

가티를 처음 만난 곳은 제노바 역이었다. 1960년의 일이다. 가티는 로마에서 기차로 도착하는 나를 친구와 함께 마중나왔다. 그날 일은 잘 기억나지 않지만, 어쩐 일인지 역 플랫폼에서 찍은 그의 사진이 남아 있다. 낡아빠진 카스케트 모자를 쓴 가티의 상반신 뒷모습이 비스듬히 찍혀 있다. 외투 옷깃에 달린 양털과 목덜미까지 숱 많은 곱슬머리가 길게 내려와 추레한 인상이다. 지금은 복고풍이다 뭐다 해서 헌팅캡이나 털장식 등이 그리 기묘해 보이지 않지만 삼십 년 전에는 매우 낯설었고, 개인적으로 아는 이탈리아인도 한 손으로 꼽을 정도였던 터라 나는 조금 당황했다. 밀라노에서 출판 쪽 일을 한다고 들었는데 복장이 도통 어울리지 않았다. 함께 나온 친구는 회색 계열 외투에 머리 모양도 평범해서 내 눈에는 '보통'으로 보였다. 그래서 투르게네프의 친척 같은 가티의 차림새가 더욱 인상에 남았다.

가티와 그의 친구는 가톨릭 계열의, 그 무렵에는 좌익으로 불리던 전시 레지스탕스 동료들이 만든 자율주의 그룹의 멤버로 밀라노 중심가에서 작은 서점을 운영하고 있었다. 당시 로마에 살던 나는 그 서점의 기획회의에 참석하기 위해 제노바로 온 참이었다. 밀라노의 그룹이 왜 제노바에서 모임을 열었는고 하니, 오늘날 이탈리아에서는 믿을 수 없는 일이지만 이들의 정신적 지주였던 투롤도 신부가 좌익 언동을 했다는 이유로 교회 당국에 의해 밀라노에서 추방되었다가, 유배나 다름없는 런던 생활을 마치고 이탈리아로 돌아오게 되어 다들 제노바의 어느 노부인의 별장에 모이기로 한 것이었다.

나는 그 별장에 묵었고, 가티와 다른 사람들은 따로 저렴한 호텔에서 묵는 듯했다. 이탈리아에 머물게 된 이후 처음 몇 년간은 그런 식으로 부지불식간에 어떤 일이 정해지고 진행되면서 주위와 관계가 형성되었던 것 같다. 노부인은 이탈리아뿐 아니라 세계적으로 이름난 밀라노의 대자본가 집안의 일원이었는데, 고작 유학생에 불과하면서 그런 거물의 아름다운 별장에 묵는 것을 별로 이상하게 생각하지도 않았을 만큼 그때 나는 어리고 순진했었다.

제노바에서 며칠을 보냈는지는 잘 기억나지 않지만 도착한 날짜는 분명 1월 2일이었다. 일본은 설날 연휴인데 여행을 다 하는구나 싶었던 기억이 난다. 그래봤자 이삼일이었겠지만, 그중 하루는 운전기사가 딸린 노부인의 차를 타고 가티와 그의 친구, 투롤도 신부와 함께 안젤로 바릴레라는 노시인을 만나러 리비에라 해안의 쇠락한 마을을 찾았다. 문학사에 나오는 시인을 직접 대면한 감동과, "해가 뜨는 나라에서 와주었다"는, 시인치고는 너무나도 상투적인 환영사(일본같이 자기네 문화의 전통과 전혀 관계없는 나라에 대해서는 시인조차 이렇게 감이 떨어진다는 것을 이탈리아에서 몇 년 살아본 후에야 알게 됐다), 그리고 한겨울인데도 리비에라의 태양이 너무 눈부셔서 가티의 친구가 내내 머리가 아프다고 했던 것이 기억난다. 한참 지나 에우제니오 몬탈레의 유명한 시 「해바라기」를 읽는데 어떤 연상작용을 거쳤는지 그 친구의 두통이 떠올라 추억에 젖기도 했다. 딱히 두통 이야기가 나오지는 않지만 "빛에 미쳐버린 해바라기, 내게 가져와

주오"라는 마지막 줄이 그날 아침 쏟아져내리던 빛의 기억을 불러왔으리라. 몬탈레가 이 시를 쓴 곳도 우리가 갔던 리비에라 마을에서 멀지 않은, 마찬가지로 지중해에 면한 몬테로소였다.

그리고 어느 밤은 저녁을 먹은 후 제노바의 친구 몇몇이 노부인의 응접실에 모여서 누군가 한 명이 자기 시를 낭독하고 모두 돌아가며 비평을 했다. 그 내용을 당최 못 알아들은 이유가 단지 나의 이탈리아어가 짧아서가 아니라 비평 방식을 전혀 파악하지 못한 탓임을 한참 뒤에야 깨달았다. 하지만 그렇게 함께 시간을 보낸 가티에 대해서는 아무것도 떠오르지가 않는다.

제노바를 방문하고 반년 후 나는 로마 생활을 청산하고 밀라노로 이사했다. 가티와 친구들이 운영하는 서점 코르시아 데이 세르비를 거점으로 공부를 계속해보라고 친구들이 뜻을 모아주었기 때문이다. 그렇게 나와 가티의 오랜 인연이 시작되었다.

코르시아 데이 세르비 서점과의 만남은 따로 책 한 권을 쓸 수 있을 정도로 내 밀라노 생활의 중요한 사건이었지만, 여기서는 가티와 내가 인연을 맺은 장소로만 설명하겠다. 이 서점의 이름 코르시아 데이 세르비(세르비 수도원 앞의 마찻길)는 밀라노의 번화가 비토리오 에마누엘레 거리의 옛 이름에서 따왔다. 비토리오 에마누엘레는 사보이아 왕가 출신 이탈리아 왕의 이름으로 거리명은 당연히 이탈리아 통일 후에 붙었다. 누가 가게 이름의 유래를 물으면 그들은 자랑스레 알레산드로 만초니의 『약혼자들』에도 나온다고 대답하곤 했다. 알레산드로 만초니는 19세기의 국민 작가이고 그의 작품 『약혼자들』은 이탈리아에서 중등교육을 받았다면 누구나 학교 수업에서 읽기 때문에 그런 말을 들으면 사람들은 그렇구나, 하며 머리를 긁적이는 식이었다. 건물이라는 표현은 좀 거창한 가게의 위치는 세르비 수도회가 관할하는 산카를로 성당 옆의 샛길, 뱀굴처럼 좁고 기다란 공간이었다. 원래는 창고처럼 쓰이던 곳을 빌려 가게를 차린 것이다. 서점이니 책을 파는 것은 물론, 코르시아 데이 세르비는 주로 프랑스어를 번역한 '진보적' 신학서를 출판하고 유통하며, 실로 많은 친구와 고객의 집합소 역할을 하기도 했다. 해질녘부터 문을 닫는 일곱시 반경까지가 일을 마치고 귀가하는 길에 잠깐 들르는 손님들로 가장 붐볐다. 시인과 소설가, 대학교 관계자, 평론가, 정치인, 종교인이 학생과 운동가 사이에 섞여 열띤 논쟁을 벌이는 살롱 같은 광경도 종종 보였다.

당시 가티는 코무니타 출판사의 편집부에 몸담고 있었다. '공동체'라는 뜻의 이 출판사의 설립자는 일본에서 타자기로 잘 알려진 올리베티사의 천재적인 지도자 아드리아노 올리베티다. 흔히 '선인 자본주의'로 불리는 경영 철학을 도입하여 오늘날의 개성적인 회사 이미지를 만들어낸 그가 자기 사상을 보다 보편적인 방식으로 탐구하기 위해 차린 출판사였다. 본업이 있던 가티는 출근 전과 퇴근 후 서점에 들러 일종의 자원봉사식으로 일을 도왔다. 가뜩이나 좁고 기다란 건물의 끄트머리에 있는 어두침침한 사무실로 가면 가티는 언제나 큼지막한 편집용 가위와 풀을 들고 오렸다 붙였다 레이아웃 작업을 하고 있었다. 다다미를 만드는 장인의 모습을 길가에 쪼그려 앉아 구경하는 아이처럼 나는 감탄하는 마음으로 가티의 손놀림을 좇았다.

고작해야 30와트도 안 되는 노란 전구 불빛 아래서 편집 작업을 하는 가티를 종종 도와주기도 했다. 새 책을 만들 때면 종이 도매상이나 인쇄공장, 나아가 싼값에 아름다운 제본을 해주는 밀라노 교외의 수도원에도 따라갔다. 중앙역에서 한 시간쯤 전철을 타고 긴 시골길을 걸어 수도원에 도착하자 손뜨개 레이스 커튼이 달린 아담한 응접실이 우리를 반겼다. 너그러운 중년 수녀가 가티에게 낭랑한 토스카나 사투리로 수도원이 운영하는 인쇄공장에서 일하는 수녀들의 노고를 풀어놓으면 나는 옆에서 잠자코 듣고 있었다. 가티는 특유의 참을성 있고 느긋한 말투로 원고 교정의 순서, 레이아웃 기술 등을 알려주기도 했다. 살짝 부은 듯 창백하고 뭉툭한 그 손이 검은색 편집용 철자로 행간을 재거나 종이 모서리를 접는 모습을 나는 빨려들듯 바라보았다. 수더분한 인상과 대조적으로 예민하게 잘 관리된 손이었다.

가티의 장발이 아드리아노 올리베티를 따라 한 것이라는 사실은 아드리아노의 부고를 접하고서 알았다. 신문에 난 그의 사진을 보고 그때까지 몰랐던 가티의 일면을 본 기분이 들었다. 아드리아노의 죽음을 알려준 사람 역시 가티였는데, 갑작스러운 소식을 전하면서도 말투는 신중했던 것으로 기억한다(지금 확인해보니 아드리아노는 1970년 2월에 죽었다. 내가 가와바타 야스나리의 『산소리』를 번역하던 무렵으로, 가티는 그 책이 출간되기를 손꼽아 기다리고 있었다). 생전 아드리아노와 얼마나 면식이 있었는지는 모르지만 그는 아드리아노라는 이름을 매우 다정하게 발음했다. 자신이 일하는 출판사의 창립자 이름을 친한 친구처럼 불러 신선하게 느껴졌는데, 나중에 알고 보니 코무니타 출판사뿐 아니라 올리베티사 전체 분위기가 그랬다. 가티는 실로 낙심한 투로 이제 아드리아노가 죽었으니 코무니타 출판사도 어떻게 될지 모르겠다며, 지금 생각하면 너무나도 그다운 비관적이고 전근대적인 의견을 내놓았다(코무니타 출판사는 그로부터 십팔 년이 지난 지금도 여전히 건재하다).

아마 그 무렵 가티를 만나러 코무니타 출판사 편집실에 처음 가보았을 것이다. 밀라노 도심의 두오모에서 가까운 알레산드로 만초니 거리(아마도 12번지)에, 폴디 페촐리 미술관과 같은 건물에 있었다. 역시나 어둑어둑하고 온통 종이투성이인 큰방이 그의 작업실이었다. 이상하게 천장이 무척 낮았던 기억이 있다. 도로를 마주보는 큰문으로 들어가면 왼쪽에 미술관 입구가 있고, 오른쪽 계단을 올라가면 코무니타 출판사 문이 나왔다. 내가 엉뚱한 시간에 갔는지 휴일이었는지, 회사 안에서 가티 말고 다른 사람은 전혀 보지 못했다. 무슨 일로 갔는지도 기억나지 않는다. 그러나 인기척 없는 편집실에서 가티가 다시 "이제 아드리아노가 죽었으니" 운운하던 말은, 그의 코 먹은 목소리와 함께 뚜렷이 남아 있다.

아드리아노의 죽음에 즈음하여 가티의 정신은 천천히, 나중에는 확연하게 끝없는 하강곡선을 그리기 시작했다. 서점 친구들은 약 이 년 전, 즉 가티의 어머니가 돌아가시고 몇 달 지나서부터 이미 그가 하는 일이 순조롭지 않다는 걸 인식하고 있었다. 서점에서 출판하는 번역서의 목록도 더이상 늘어나지 않고 번호가 멈춰버렸다. 전후 이십대의 젊은이였던 그들이 가톨리시즘을 보편적인 시각으로 재조명하자며 시작한 운동보다 사회변혁의 보폭이 훨씬 커서, 서점 친구들이 한순간 목표를 잃은 듯 보이던 무렵이었다. 나와 처음 만난 날 제노바 역으로 함께 마중나왔고 나중에는 나의 남편이 된 페피노가 1967년 마흔하나의 나이로 갑자기 세상을 떠나며, 유력한 대변자를 잃은 가티의 처지는 더욱 악화되었다. 그 무렵 서점은 경영에 문제가 없을 정도로 성장해 있었지만 출판을 책임지던 가티가 슬럼프에 빠져 제대로 일을 하지 못하니 당연히 출판 부문은 개점휴업이나 마찬가지 상태였다.

가티가 코무니타 출판사를 그만둔 시기도 그 무렵이었으리라. 그뒤에는 잠깐 페로라는 작은 출판사에 다녔다. 밀라노 근방에서 견직물 사업 등으로 재산을 모은 실업가가 차린 출판사로, 가티는 꽤 여러 일을 맡아 하며 활기를 되찾은 듯했고 나에게도 일거리를 주곤 했다. 페로 출판사 일로 바빠서라면, 어차피 자원봉사식으로 협력하던 코르시아 데이 세르비 서점의 출판부가 정체된다 한들 아무도 그에게 뭐라 할 입장이 아니었다. 그런데 페로의 사장인지 편집부장인지, 무식하고 취향도 별로고 목소리만 큰 땅딸보(는 나의 상상이다)와 대립해서 편집 일을 두고 사사건건 부딪치는 모양이었다. 그런 다툼이 쌓이고 쌓여 결국 가티는 페로 출판사를 그만두겠다고 선언했다. 그전까지 나는 가티의 사생활에 간섭은커녕 상관한 적도 거의 없었지만, 그때만은 왠지 불길한 예감이 들어 진지하게 만류했던 기억이 난다. 어느 초여름 날 오후, 무슨 일로 갔는지는 몰라도 스칼라 극장 옆 베르디 가에서 그를 잡고는 "안 돼, 가티. 페로를 그만두면 또 어디로 가려고. 아무 대책도 없이 그만두겠다니 너무 막막하잖아"라고 애써 설득하던 내 목소리가 지금도 기억에 생생하다. "넌 월급쟁이가 아니라서 몰라"라고 가티는 완고하고도 서글픈 대답을 했다.

"걱정 마. 내 발로 그만두면 실업급여를 못 받거든. 어떻게든 그쪽에서 날 자르도록 노력해볼게."

그 노력이 결실을 맺었는지, 얼마 지나지 않아 다시 코르시아 데이 세르비의 어둑어둑한 편집실에 앉아 있는 가티를 자주 볼 수 있게 되었다. 다만 이전처럼 서점 일을 하는 게 아니라 레이아웃이나 편집 외주를 가져와서 하는 모양이었다. 서점의 출판 부문은 여전히 개점휴업 상태였다.

지금까지 가티라고 써왔지만 사실 이건 성이고 그의 이름은 데시데리오였다. 8세기 롬바르드 왕국의 마지막 왕 이름인데, 만초니의 비극 『아델키』의 주인공 아버지로도 등장한다. 샤를마뉴 대제에게 굴복하는 대신 죽음을 선택한 영웅의 이야기 『아델키』는, 앞서 말한 『약혼자들』이나 베르디의 가극 〈나부코〉 등과 함께 이탈리아 통일운동의 정신적 지주가 된 작품이다. 사회주의자이자 통일운동의 열렬한 신봉자였던 가티의 아버지가 지어준 이름인지 역시 사회주의자였던 어머니의 뜻인지는 몰라도, 이 이름에서는 옛 롬바르드 왕국과 롬바르디아가 낳은 이탈리아의 문호 만초니를 향한 뜨거운 마음이 느껴진다. 아주 나중에야 가티에게 루이지라는 평범한 미들네임이 있고 집에서는 그렇게 불린다는 것을 알았지만, 그래도 친구들에게 데시데리오로 불러달라고 한 걸 보면 가티도 이 이름에 적잖이 애착이 있는 모양이었다. 그러나 친구들은 현대 이탈리아어로 욕구, 그것도 정욕처럼 육체적 욕구라는 뜻이 연상되는 이 고풍스러운 이름이 껄끄러운 듯, 아무리 친해져도 일반적인 관습과 달리 가티라는 성으로 불렀던 것이다.

가티는 자기 부모가 사회주의자이며, 아버지는 젊은 시절, 즉 1920년대에 영화를 만들었다는 얘기를 해주면서 당시로서는 상당히 세련된 일이었다고 자랑스러워했다. 초등학교 선생님이던 어머니는 아버지보다 스무 살이 많고 마흔 살 때 가티를 낳았다고 한다. 가티의 집에는 그의 어머니가 오랫동안 일한 초등학교를 떠나면서 받은 작은 나무의자가 있었는데, 친한 목수에게 똑같은 것을 만들어달라고 부탁해 내 결혼 선물로 주기도 했다.

가티의 친한 친구 중 다른 도시에서 은행장으로 일하는 이가 있었다. 재기발랄이라는 말이 딱 어울리는 사람으로, 경영 수완이 좋은 것은 물론이고 새 지점을 열 때마다 유명 건축가에게 의뢰하는 것으로 밀라노에서도 소문이 나 있었다. 딸 하나와 아들

둘을 두었는데, 특히 아들들이 가티를 무척 존경했다. 서점 친구들도 이 은행가의 집에 자주 초대받아 저녁식사를 하고 수다로 시간을 보내곤 했다. 그러던 어느 날 밤 음악 이야기가 나왔다. 은행가 안젤로는 바흐를 무척 좋아했다. 큰딸이 낳은 손자 둘에게 각각 조반니(요한)와 세바스티아노(제바스티안)라는 이름을 지어주었으니 셋째로 또 남자아이가 태어나면 바흐로 짓겠다고 해서 다같이 웃었다. 그리고 누가 이야기를 꺼냈는지, 가티가 음악에 대해서는 엄청 교양인인 척한다는 이야기가 나왔다. 가티의 대학교 졸업논문 주제가 토마소 알비노니였는데, 당시 일반인에게는 생소했던 이 베네치아 작곡가의 이름을 보고 일부러 잘 안 알려진 사람을 주제로 정했다며 입을 모아 놀려댔다는 것이다. 그후로 몇몇 친구들은 꾸준히 가티를 "우리 알비노니"라고 불렀다. 비슷한 무렵 내가 조르주 무스타키라는 프랑스 싱어송라이터의 노래를 좋아한다고 했더니 가티는 난처한 표정으로, 네가 그런 노래를 좋아할 리 없는데, 가사와 음악을 혼동하는 거야, 무스타키의 가사는 좋지만 음악은 들어줄 게 못 돼, 하며 웬일로 정색하고는 이게 더 좋을 거라면서 레너드 코언의 레코드를 골라주었다. 그러고 보니 이십 년이 지난 지금 무스타키는 거의 사람들에게 잊혀버렸지만 레너드 코언의 이름은 종종 어딘가에서 들을 수 있다(에디트 피아프의 애인이었다는 무스타키는 아직 살아 있을까).

은행가와 가티의 관계는 전시 레지스탕스 운동 시절로 거슬러 올라가 함께 비합법 팸플릿을 인쇄한 사이였다고 한다. 나이로 보아 가티는 당시 기껏해야 고등학생 정도였을 텐데(사실 가티의 나이는 친구들 사이에서도 미스터리였는데, 그가 일부러 비밀로 한 것은 아닌 듯하다. 우리보다 훨씬 연장자라는 일종의 신화가 있었고, 그 때문에 겸연쩍어서 물어볼 기회를 놓친 것이다) 그런 소년들도 레지스탕스에 가담했던 시대였다. 은행가의 큰아들 파스콸레가 막 태어났을 때라, 그룹의 비합법 인쇄물을 유모차에 가득 채우고 그 위에 갓난아기 파스콸레를 태워 목적지로 운반했다는 이야기를 몇 번 들었다. 파스콸레는 대학 시절 학생운동의 파도에 휩쓸려 공부를 손에서 놓다시피 했는데, 가티 말고는 어른들을 상대하려 들지 않는 통에 부모도 가티에게 아들의 소식을 들어야 했다. 차남이자 막내 베네데토는 코르시아 데이 세르비 서점의 최연소 고객으로 오랫동안 모든 이에게 귀여움을 받았다. 그가 부모를 따라 가게를 찾으면서부터 어린이책을 들여놓게 되었다고 한다. 하지만 베네데토는 눈 깜짝할 사이에 어린이책을 졸업해버리고 꼬맹이 초등학생 무렵부터 사회학이나 심리학 문제를 가티에게 물어와 기쁨과 걱정을 동시에 안겨주었다.

페로 출판사를 그만두고 안정된 일자리를 잃은 가티는 여러 가지 외주를 받아 생활하는 듯했다. 이전보다 성질이 더 고약해져서 친구들도 점점 그를 피했다. 그래도 내가 1971년 밀라노 생활에 종지부를 찍고 일본으로 돌아가기로 했을 때는 피렌체의 한 대형 출판사 밀라노 지사 편집부원이 되어 있었다. 편집부라지만 딱히 대단한 일을 하는 것도 아니어서 명함에 적힌 직함 말고는 이렇다 할 재미가 없는 직장 같았다. 그래도 이번에는 죽어도 그만두지 않겠다고 힘없이 웃으며 말했다.

일본으로 돌아가기로 한 뒤, 어느 날 볼일이 있어 가티의 집을 찾았다. 아직 마무리해야 할 번역이나 서평 일이 남아서 밤에도 제대로 못 자는 날이 많았다. 가티도 교정 작업 비슷한 일을 하는 중이라 나는 그가 적당히 일을 끊고 올 때까지 소파에서 신문을 보았다. 그러다가 깜박 잠이 들고 말았다. 얼마쯤 잤을까, 문득 깨보니 책상 앞에 앉은 가티가 약간 난처한 듯한, 하지만 그보다는 깊은 만족감에 잠긴 표정으로 내 쪽을 보고 있었다. 미안해, 가티, 너무 피곤해서. 그렇게 사과하며 나는 가티의 따뜻함을 온몸으로 느끼고, 이제 다시는 이런 친구를 사귈 수 없을 거라 생각했다.

일본에 돌아간 나에게 가티는 종종 신문 스크랩을 보내주었다. 문학비평이나 종교 논쟁 기사, 가끔 만화 스크랩도 있었다.

그러나 이삼년에 한 번 내가 밀라노로 돌아갈 때마다 가티는 눈에 띄게 늙어갔고 푸념이 많아지고 의심도 깊어졌다. 원래 불평을 잘했지만 나이가 들수록 주위에 적만 둔 사람처럼 모두를 두려워했고 나에게도 누구누구를 조심하라는 말만 반복했다. 옛 친구들도 하나같이 재기 넘치고 농담 잘하던 옛날의 가티는 이제 없다고 슬퍼했다. 그래도 피렌체 출판사의 일은 그럭저럭 계속해나가는 모양이었다.

어느 해, 이탈리아에서 여름을 보내고 일본으로 돌아오니 밀라노에서 편지가 와 있었다. 그해는 내내 피렌체에 있다가 밀라노에는 들르지 않고 바로 돌아온 참이었다. 보낸 이는 코르시아 데이 세르비 서점의 한 친구였다. 가티가 결국 사리분별력이 흐려져 혼자 생활할 수 없어서 병원에 들어가게 되었다, 알츠하이머 증후군이라는데 나아질 가망은 없는 것 같다, 옛 친구 몇 명이 모여 보살펴주기로 하고 지금 그를 받아줄 병원을 알아보고 있다, 비용은 연금으로 다 해결되겠지만 그게 나올 때까지는 친구들이 재정적으로도 도와주려고 한다, 괜찮다면 당신도 함께해주었으면 한다, 그런 내용이었다.

사실 그해 이탈리아로 가기 전 나는 가티에게 두 통의 편지를 받았다. 둘 다 편지지도 아니고 구깃구깃한 쪽지에 휘갈겨 쓴 전보 같은 것이었는데, 하나는 '일본 나막신 보내라', 또하나는 '대두 소스 1리터 부탁한다'라고만 적혀 있었다. 아, 귀찮아, 가티가 노망이라도 났나 싶었지만 깊이 생각지 않고 큼지막한 남성용 게다 한 켤레와 깡통에 든 간장 1리터를 보낸 참이었다. 그런 와중에 친구의 편지를 읽고 번쩍 정신이 들었다. 시간이 없었다는 건 핑계일 뿐, 나는 망령이 든 가티를 피하고픈 마음에 밀라노에 들를 짬을 내지 않았던 것이다. 편지에는 또 그런 가티를 제 가족처럼 진찰해주는 사람이 지금은 저명한 신경과 의사가 된 어느 은행가의 차남이자, 옛날 가티가 귀여워했던 베네데토라고 쓰여 있었다.

이듬해 다시 이탈리아로 향하면서 나는 가티의 병세를 알려준 친구에게 연락했다. 가티는 밀라노에서 남쪽으로 30킬로미터쯤 떨어진 크레마라는 도시의 양로원에 있다고 했다. 가티를 만나고 싶다고 하자 하루 날을 잡아 나를 크레마로 데려다주었다. 그가 운전하는 빨간색 알파수드의 승차감이 유난히 좋아서, 마음의 병을 얻은 가티를 찾아가는 내 마음과 지독히 어울리지 않았다.

남자 간병인을 따라 양로원 대기실 같은 곳으로 나온 가티는 의외로 말끔해 보였다. 나이를 초월해버린, 묘하게 밝은 얼굴. 어딘가 주뼛거리는 기색에 우울하던 내 기억 속 표정은 어디에도 없었다. 우스운 이야기를 산더미처럼 쌓아두고 모두를 즐겁게 해주던 가티, '우리 알비노니' 가티도 표정에서 전혀 읽어낼 수 없었다. 나를 데려온 친구가 호주머니에서 꺼내놓는 사탕을 가티는 하나하나 집어서, 그것 하나는 예전과 다름없는 뭉툭한 손끝으로 소중하게 포장지를 벗겨 기쁜 듯이 입에 넣고, 그늘 한 점 없는 연회색 눈으로 물끄러미 나를 보았다. 무스타키 대신 레너드 코언을 건네주던 가티, 남편을 잃고 현실을 직시하지 못하던 나에게 수면제를 먹을 게 아니라 상실의 시간을 인간답고 성실하게 슬퍼하며 살아야 한다고 엄하게 꾸짖던 가티는 이제 거기 없었다. 그의 한없는 밝음에, 더는 나를 짜증나게 하지 않는 가티의 모습에 나는 무너지고 말았다.

이윽고 저녁식사 시간이 되어 간병인이 다시 가티를 데리러 왔다. 차오(안녕), 가티, 하고 인사하는 우리 쪽은 돌아보지도 않고 가티는 식당으로 들어가 등을 보인 채 수프 대접을 한 손으로 꼭 붙잡고 숟가락을 놀리기 시작했다.

유치원생 같은 진지함이 그의 등 전체에서 배어나고 있었다.

버찌와 운하와 브리안차

길게 이어진 두 산맥 사이, 남쪽으로 흐르는 코모 호수의 그 지류는 산의 들고 나옴에 따라 모두 크고 작은 만을 이루다가 갑자기 좁아져서 오른편의 갑과 왼편의 넓은 해안 사이에서 강의 형태를 이루는데……*

이것은 알레산드로 만초니의 유명한 작품 『약혼자들』에서도 특히 유명한 구절이다. 코모 호는 밀라노에서 북쪽으로 50킬로미터쯤 떨어져 있는데, 남북으로 길게 뻗은 이 호수의 남쪽 끝이 두 갈래로 갈라지고 서쪽 지류 끝에 코모라는 도시가 있다. 그리

* 알렉산드로 만초니, 『약혼자들』, 김효정 옮김(문학과 지성사, 2004).

고 위 발췌문에 해당되는 부분, 즉 동쪽 지류 끝에 자리한 도시가 레코다.

밀라노를 꼭짓점으로 두고 코모와 레코를 잇는 선을 밑변 삼아 역삼각형을 이루는 지방을 '브리안차'라고 하는데, 이곳은 옛날부터 밀라노 사람들에게 일종의 동경을 넘어 경외심까지 자아내던 지역이다. 만초니가 태어났고 그의 소설과 밀접한 관련이 있을 뿐 아니라, 왕년에는 밀라노의 귀족들이, 그리고 산업혁명 이후에는 코모의 명주실로 재미를 본 실업가들이 앞다투어 영지를 개척한 곳이기 때문이다. 브리안차는 수많은 서민이 언젠가 주인으로(하인이나 소작인이 아니라) 살아보고 싶은 고장이었는지도 모른다. 밀라노 북쪽에 완만한 기복을 거듭하며 펼쳐진 이 일대는 롬바르디아 지방답지 않게 토양이 척박해서 이렇다 할 작물이 나지 않는다. 밀라노의 서쪽, 동쪽, 남쪽 모두 이탈리아에서 손꼽힐 만큼 풍요로운 수전지대인 데 반해 태양빛에 불그레한 맨땅을 드러낸 브리안차의 풍경은 명백히 불모지로 보인다. 오랜 기억을 더듬어봐도 여름 햇볕을 받은 비탈 위로 바람에 살랑이는 옥수수와 열매가 드문드문 매달린 과수원밖에 떠오르지 않는다. 땅이 메말랐을 뿐 아니라 풍경에도 이렇다 할 특색이 없다. 코모 호 북쪽은 알프스 산맥으로 이어지며 깎아지른 듯한 산세의 경관에 숨죽이게 되지만, 브리안차는 그저 낮은 구릉

이 망망히 이어질 뿐 별다른 볼거리가 없어 관광안내서에도 거의 나오지 않는다. 백과사전에도 "현재 밀라노 북부의 공업지대로 급속히 발전중"이라는 설명이 있을 뿐이다. 이 지방에 산재한 크고 작은 도시들도 대부분 최근 들어 약품공업으로 번영했거나 가구공장이 들어선 정도라 그다지 특별할 게 없다. 차를 타고 이 지방을 지나면 높은 돌담으로 둘러싸인 영지를 자주 맞닥뜨린다. 거대한 철문 너머 가로수길 사이로 웅장한 건물이 엿보이지만, 돌담이 외부의 눈을 완고하게 가로막고 있다.

그러나 어느 정도 나이가 든 사람들 말로는, 이런 갈색 풍경도 최근 반세기 동안의 얘기고 전에는 사방이 온통 뽕나무밭이었다 한다. 코모는 지금도 견직물로 유명하지만 양잠업은 거의 자취를 감추었다. 뽕나무를 버리고 그것을 대신할 농작물을 찾기까지, 코모 호 바로 앞 산속 별장지대를 제한 브리안차는 급속히 공업지대로 바뀌게 된다.

내가 이 지방을 알게 됐을 때는 이미 그런 해체 작업이 시작되고 있었다. 그래도 오랫동안 밀라노에 살아온 사람들은 브리안차라는 말을 들으면 정겨운 표정을 지었다. 리비에라, 코르티나 담페초, 토스카나 해안의 포르테 데이 마르미 등에 별장을 가진 이들의 바캉스는 비유하자면 프랑스풍이나 오스트리아풍 또는 영국풍이었다. 하지만 브리안차의 영지에서 여름을 보내는 이들은 선조로부터 물려받은 롬바르디아의 흙냄새를 풍겼고, 설사 서민들이 엄두도 못 낼 부자일지언정 밀라노 사람은 그들의 부를 자랑스럽게 여겼다. 그래서 이 지명은 밀라노 사람들의 가슴에 정답게 울리며 향수 같은 감정을 불러일으킨다.

나탈리아 긴츠부르그의 『만초니가의 사람들』을 번역하면서 나는 그런 브리안차에 대한 기억을 천천히 되살렸다. 이 책은 만초니가 생전에 가족이나 친구들과 주고받은 편지를 토대로 그의 생애를 재구성한, 모리 오가이가 쓴 사전史傳과 비슷한 형식의 수작이다. 만초니는 일본으로 치면 메이지유신에 해당하는 이탈리아 통일 시대의 건국사상을 대표하는 작가이기에 생애가 필요이상으로 신화화되었다. 대부분의 이탈리아 사람들이 이 신화를 집과 학교에서 그야말로 귀에 못이 박히도록 들어왔을 것이다. 긴츠부르그는 그런 신화를 정면으로 해체해버리는 대신 어수선한 가족(원래 가족이란 어수선한 법이다)의 편지글에 집어넣음으로써, 이 대작가를 시대의 단면도 속 하나의 핵에 불과한 존재로 그려냈다. 앞서 모리 오가이의 예를 들었는데, 그의 사전에 그려진 문인들의 수수한 무가풍 가정 분위기와 대조적으로, 긴츠부르그가 주로 만초니가와 주변 여자들의 편지에서 인용한 글들은 화려하고 감정적이며 한없는 요설로 가득하다. 저자 긴츠부르그는 그것들을 참을성 있게 짜맞추어 19세기를 살아온 흔치 않은 가족의 초상을 그려냈다.

가난한 귀족 집안에서 태어난 고독한 소녀들, 그저 제도의 의미만 지니는 결혼, 남편의 애정을 갈구하는 젊은 아내, 너무나 형식적인 종교 계율에 숨막혀하는 영혼들의 고뇌, 어머니의 생명에 결정적인 해를 끼치며 태어나는 아이들, 혹은 섬광 같은 삶의 추억을 남기고 요절하는 갓난아이들, 저명한 아버지의 재산을 낭비할 뿐 달리 반항의 방법을 찾지 못하는 아들, 영광의 정점에 이르러 갑자기 늙고 쇠약해진 노인…… 어느 가족이나 그러할 테지만, 신화화된 주인공의 사연이라는 점에서 더더욱 불합리하게 느껴지는 비극이 가득한 군상의 삶을 더듬어가면서, 나는 이 이야기의 배경에 그들이 살던 땅의 냄새가 짙게 떠도는 것을 느꼈다. 그것은 밀라노 대성당을 에워싼 나빌리오라는 운하가 이 도시의 사회계급을 나누는 벽으로 존재하던 시대 밀라노의 냄새이자, 소박한 삶을 경제적으로 지탱하고 때로는 숨이 막힐 것 같은 일상에 얼마간 즐거움을 가져다주던 브리안차의 풍광에서 나는 냄새이기도 했다. 책장을 메운 오래전 사건을 오늘 나의 일상과 끊임없이 겹쳐보면서 번역을 해나갔다.

많은 인물과 사건이 파란만장한 이야기를 구성해가는 가운데, 내가 특별히 묘한 친근감과 감동을 느낀 인물이 문호 만초니의 차남 엔리코다. 어려서 어머니를 여의고 기숙학교에 보내진 그는 가까스로 졸업해 집으로 돌아와서는 아버지가 새 아내를 맞았음을 알게 된다. 변덕스러운 계모로부터 그를 지켜줄 유일한 존재인 할머니는 나이가 들어 왕년의 권력을 완전히 잃은 상태다. 그런 박복한 소년 시절에도 불구하고 엔리코는 곧 부잣집의 참한 아가씨를 아내로 맞고, 그녀의 지참 재산인 브리안차 영지 내 웅장한 저택에서 살게 된다. 아내 에밀리아는 바로 위 누나 소피아와 특히 사이가 좋아서, 태어날 아이들을 위해 함께 아름다운 배내옷을 준비하고, 목숨을 위협받는 출산을 두려워하기도 하고, 정원에서 딴 과일이나 화초를 주고받으며 우아한 나날을 보낸다. 그러나 엔리코와 그의 아름다운 아내에게는 결정적인 단점이 있었다. 둘 다 현실에 맞설 만한 생활력이 전혀 없었던 것이다. 엔리코는 비단 상인이 되기를 꿈꾸다가 땅도 저택도 모두 잃고 만다.

한 번씩 파국을 맞을 때마다 그는 경외하는 이름난 아버지에게, 아버지가 노쇠한 만년에는 큰형 피에트로에게 얼마간의 원조를 부탁하며 절절한 편지를 쓴다. 아버지와 형의 답장은 갈수록 냉담해진다. 문호는 못난 자식을 가엾게 여겼지만 충분히 지원해줄 여유는 없었다.

초반에는 기숙학교 시절 막 글자를 배워서 쓴, 아버지에게 감사를 표하고 안부를 묻는 서툴지만 흐뭇해지는 내용이며 새어머니에게 안부를 전해달라는 소년의 말도 찡하다. 그러다 시간이 가면서 미래의 사업에 대해 꿈과 포부를 밝히는 내용이 되고, 결국에는 돈을 빌려달라는 비통한 인생 파탄자의 편지가 되어간다.

몇 번의 파국을 거쳐 엔리코는 밀라노의 서민가에 살게 되는데, 편지에는 건물 각층에 '계단참'이 있다는 구절이 나온다. 아마 지금도 남아 있을 텐데, 예전 밀라노의 하층계급 사람들이 살던 공동주택에는 층마다 중정을 빙 둘러 발코니(계단참)가 있고 개별 가구의 문이 그쪽을 보고 늘어서 있다. 발코니 바깥쪽에 달린 초라한 난간도 이런 건축 구조가 싸구려임을 말해준다. 그저 복도가 바깥에 있다고 볼 수도 있지만, 밀라노 사람들은 '계단참이 있는 집'이라는 말을 들으면 난간에서 몸을 내밀어 바깥을 내다보는 아가씨들과 하늘 가득 널린 빨래, 그리고 중정을 향한 위층의 외침 소리 등을 함께 떠올린다. 흔히 '그림 같다'고들 표현하지만 아무도 살고 싶어하지는 않는다. 엔리코는 그런 건물에 살았다. 또하나의 특징은 화장실이 집마다 없고 각층 발코니 끝에 하나씩만 있다는 것이었다.

1960년대부터 1970년대에 걸쳐 밀라노에는 '문화혁명'의 물결이 밀려들어 생각지 못한 사람들이 생각지 못한 언동을 보이곤 했는데, 밀라노에 대해 많은 것을 알려준 내 소중한 옛 친구 마리우차도 어느 날 갑자기 서민가에 집을 얻어 혼자된 어머니에게서 독립해버렸다. 바로 그곳이 '계단참'이 있는 건물이었는데, 그 얘기를 들은 나는 솔직히 고풍스럽고 멋지겠다는 마음과 왜 그렇게 불편한 곳을 골랐을까란 의문이 동시에 들었다. 삼십대 후반 독신에 공립 초등학교 교장인 그녀가 오랫동안 익숙한 부모 집을 떠나 왜 그런 선택을 했을까. 하지만 고급은 아니어도 모자란 것 없고 전망도 좋고 청결하기 그지없는, 게다가 사람이 해도 되는 일과 해서는 안 되는 일의 기준이 극단적으로 확실한 어머니 모라티 부인(그녀도, 세상을 떠난 남편도 중학교 교사였다)이 있는 집을 버린 마리우차의 마음도 얼마간 이해할 수 있었다. 대기업에서 어느 정도 성공한 큰오빠 루카, 아름다운 아내와 씩씩한 세 아들을 둔 작은오빠 카를로를 비롯해 가족들에게 귀여움을 받으면서도 마리우차는 매사 자신감이 없었다. 친구들은 충분히 성공한 축에 드는 그녀의 경력을 부러워했지만, 정작 자신은 못생겼다느니 머리가 나쁘다느니 불평하면서 어머니를 난감하게 했다. 그래서 '계단참'이 있는 집을 구했다는 얘기에 나는 내심 기뻤다. 마리우차가 드디어 자주적인 인생을 살기로 했구나 싶었던 것이다.

어느 밤 그녀를 따라 그 '계단참'이 있는 집에 가보았다. 밀라노에서는 드물게 폭우가 온 날이라, 길가에 차를 세워놓고 아파트까지 가는 사이에도 흠뻑 젖고 말았다. 이렇다 할 가구도 없고 아직 커튼도 달지 않은, 알전구에 비친 벽이 유난히 하얗게 보이는 방에서 우리는 억수같이 내리는 빗소리를 듣고 있었다. 집 좋네, 나도 이렇게 살아보고 싶어. 말은 그렇게 하면서도 나는 주변의 빈궁함에 압도되는 기분이었다.

며칠 후 우연히 다른 친구로부터 그녀가 어릴 적 친구 소피아의 배우자였던 전기기구 판매원과 살림을 합쳤다는 이야기를 들었다. 얌전한 소피아(그녀는 가족과 함께 모라티 부인의 아랫집에 살고 있었다. 나도 몇 차례 만난 적이 있다)에게 신체장애가 있었고 그 남자와 결혼할 때도 주위에서 맹렬히 반대했던 일 등이 떠오르고, 이것이 모두가 고대하던 마리우차의 독립이었나 생각하니 그렇게 마음이 복잡할 수 없었다. 그런 감정이 '계단참' 있는 집에서 함께 들었던 빗소리와 뒤섞여, 나는 지금도 마리우차를 만나지 못하고 있다.

그날 밤의 빗소리와 냄새는 엔리코의 집에 대한 묘사와도 겹친다. 엔리코가 살던 건물 1층은 저렴한 식당으로 그곳에서 엔리코의 장녀 결혼식 연회가 열린다. 문호 만초니가 참석한다는 소식에 호기심 많은 이웃들이 앞다투어 찾아온다. 연회가 끝난 후 신부가 사라지는 바람에 다들 찾아나서는데, 오랜만에 배불리

먹어 흥분한 그녀가 계단을 뛰어내려온다. 아아, 배가 터질 것 같아, 라는 말을 듣기 거북할 정도로 심한 밀라노 사투리로 외치면서.

엔리코의 이웃들은 이 문호의 아들을 먼 훗날까지 기억했다. 오랫동안 실업자로 살며 그는 늘 운하의 다리 위에서 생각에 잠겨 있었다고 한다. 대체 무슨 생각을 했을까. 아무 생각 없이 그저 흘러가는 물결을 바라보지 않았을까. 그리고 이런저런 생각에 지쳐 하염없이 물결만 바라보던 엔리코에게, 저자 긴츠부르그는 가슴 아픈 친근감을 느끼지 않았을까.

밀라노의 중심부를 싸고도는 나빌리오 운하는 모두 매립되어 도로가 되었다. 대략 지름이 2킬로미터에 못 미치는 고리 모양인 나빌리오 운하 남쪽 끝에는 지금도 다르세나(부두)로 불리는 곳이 있고, 그쯤에서 남쪽으로 두 줄기 운하가 뻗어 있다. 고리 모양의 '나빌리오'와 구별해 나빌리오 티치네세, 혹은 나빌리오 파베세 등으로 불리는 그 근처에는 지금도 가난했던 옛 시절 밀라노의 분위기가 감돈다(〈북호텔〉이라는 프랑스 영화의 분위기와도 흡사하다). 요새는 기후 변화로 보기 힘들어진 아침 안개가 낀 겨울날에 가보면, 지금도 또다른 엔리코가 우두커니 서서 물결을 바라보고 있을지 모른다.

예전부터 밀라노에서 살아온 사람들은 나빌리오가 없어지면서 이 도시의 풍정이 사라졌다고 한탄한다. 원래는 성벽의 역할이지만 나빌리오도 도시의 중심을 안팎으로 구분해서 바깥쪽 사람들의 밀라노 사투리는 정통으로 쳐주지 않는다는 이야기를 친구 가티가 해준 적 있다. 밀라노 토박이인 그의 조상은 무슨 일을 했을까. 나빌리오 안쪽에 살았다고 들은 것 같은데, 왠지 장인같이 섬세한 일을 했으리란 생각이 든다. 밀라노에서 외국 점령군과 결탁해 단물을 빨아먹고 으스대고 다닌 부류는 아닐 것 같나. 전쟁이 나면 짐수레 같은 데 세간을 싣고 피란을 갔다가 다시 조용해지면 돌아오는 사람들. 그런 데서 가티 부모님의 애국심과 사회주의가 자라나지 않았을까.

엔리코는 어린 시절 여름을 보내던, 브리안차 벽촌에 있는 아버지의 영지 브루술리오를 평생 잊지 못했다. 어느 해 브루술리오에 버찌가 잔뜩 열렸다는 이야기를 듣고 엔리코는 아버지에게 편지를 써서 한 바구니만 보내달라고 조른다. 나잇살 먹은 그가 이런 부탁을 한 데는 브루술리오의 영지를 관리하던 형 피에트로 일가에 대한 시샘도 있지 않았을까, 라고 저자 긴츠부르그는 말한다. 피에트로를 배려해서인지 아니면 단지 브루술리오의 버찌가 다 떨어져서인지, 아버지는 다른 데서 산 버찌를 보내준다.

〈버찌의 계절〉이라는 옛 프랑스 노래도 있듯 유럽에서 버찌는 일 년 중 가장 아름다운 계절에 열린다는 인식이 있어서, 밀라노 사람들은 매년 청과물 가게에 버찌가 나오기를 기다린다. 4월이 되면 먼저 도심 고급 부티크 거리의 햇것만 취급하는 청과물 가게에 버찌가 등장한다. 동네 아이들은 벌써 버찌가 나왔다며 설레는 마음으로 초여름이 오기를 기다린다. 또한 밀라노에는 버찌는 6월 24일 전까지만 먹어야 한다는 희한한 속설이 있다. 더 지나면 안에 벌레가 들기 때문이란다. 그 조그맣고 하얀 구더기(그것도 버찌에만 생기는 벌레다)를 밀라노에서는 '조아닌'이라고 한다. "있어?" "뭐가?" "그것." "아아, 조아닌?" 하는 대화가 매년 어김없이 오간다. 조아닌이란 조반니의 애칭이고, 6월 24일은 하지이자 성 요한제 날이다. 요한을 이탈리아식으로 읽으면 조반니. 이날이 지나면 버찌 맛이 뚝 떨어진다, 적어도 밀라노 사람들은 그렇게 믿는다. 그래서 매년 벌레를 핑계 삼아 똑같은 농담을 주고받으며 시시덕거리는 것이다.

이 얘기를 해준 이는 밀라노 사람이 아닌 독일인, 프랑크푸르트 일간지의 예능 특파원 한지 케슬러였다. 버찌를 먹은 기억이 나니 분명 6월이었을 것이다. 일을 마치고 친구들과 차를 타고(다름아닌 브리안차의) 이름 모를 마을 숲속의 레스토랑으로 식사를 하러 갔다. 여름이 다가올 무렵이면 일을 마치고 즉흥적으로 친구들을 불러내 교외로 식사를 하러 가는 것이 밀라노 사람들의 연중행사다. 저녁 어스름이 길어서 일곱시에 밀라노를 출발해도 전원의 풍경을 느긋하게 즐길 수 있다. 올해는 누가 어떤 독특한 레스토랑을 발견했는지를 두고 경쟁하기도 한다. 뜻밖에 밀라노 변두리인 경우도 있지만 대개 교외의 녹음을 찾아 떠난다.

그날 밤 식사는 돼지고기를 거칠게 간 조그만 소시지 '루가네가'가 든 리소토였다. 리소토는 밀라노 방식대로 사프란이 들어가 노랗다. 일본 손님에게 권하면 밥이 설익었다며 의아해하는데, 된밥과 진밥의 미묘한 경계를 맞추기가 쉽지 않다. 작은 가게가 손님으로 꽉 차는 바람에 밖으로 반쯤 튀어나온 테이블이 바위 같은 데 걸쳐져 기우뚱거리던 기억이 난다.

좋은 와인, 멋진 친구들과의 즐거운 식사 뒤 버찌가 나오자 한지와 친구 루이지가 논쟁을 시작했다. 왜 6월 24일 전과 후로 날을 나눌까. 밀라노만의 풍습일까. 늘 그렇듯 아무도 굳이 문제의 해명을 바라지 않는 이탈리아식 논쟁으로 밤이 깊어갔다. 밀라노의 유서 있는 가문 출신인 루이지는 유복한 아버지 덕에 브리안차에 웅장한 별장을 갖고 있었다. 그 역시 꽤 이름이 알려진 작가로 밀라노 토박이임을 자랑스러워했다. 사물의 유래나 역사를 따지길 좋아했고, 이젠 정통 밀라노 사투리를 구사하는 사람이 없다며 곧잘 한탄했다.

한지는 대성당 꼭대기의 금색 성모상이 눈앞에 보이고 널찍한 테라스가 딸린 도심 펜트하우스에 살았다. 커다란 장미와 협죽도 화분이 놓인 테라스는 남편을 떠나보낸 후 내가 밀라노에서 가장 마음 편히 있을 수 있는 장소였다. 여름밤 몇 번인가 한지가 나를 초대해 요리를 해주고, 테라스에서 밤늦도록 이야기꽃을 피웠다. 베를린 출신인 한지는 한때 연극배우였는데, 외할머니가 유대인이라는 이유로 전쟁중 무대에서 쫓겨났고 엎친 데 덮친 격으로 남편까지 전사했다. 외동딸 카티아를 기르며 몇 년 전부터 밀라노에서 살고 있었다. 그녀는 딱딱한 베를린 억양이 섞인 이탈리아어로 더듬더듬 자신이 걸어온 길을 이야기해주었고, 나는 무엇보다 잠깐이나마 현재 내가 놓인 상황을 생각하지 않아도 된다는 데 위안을 얻으며 귀를 기울였다. 언젠가 나도 이렇게 꽃이 만발한 테라스를 갖고 싶다. 하루하루 살기도 벅찼던 시절, 한지의 이야기를 들으면서 늘 그런 생각을 했다.

만초니가 사람들의 이야기로 돌아가서, 엔리코는 결국 장사를 접고(나중에는 근교 마을의 선술집 2층 셋방에 살면서 방세는 물론 땔감을 살 돈도 없어 아버지에게 손을 벌리는 비참한 생활을 했다) 간신히 밀라노로 돌아와 집을 구한다. 그리고 곧 국립도서관 출납계에 자리를 얻어 밀라노의 브레라 도서관에서 일하다 나중에 로마 도서관으로 옮긴다. 큰형 피에트로는 아버지를 위해 모든 것을 희생하다시피 했기에, 그가 없으면 어쩌나 만년의 만초니는 두려워했다고 한다. 그런 모범생 형과 정반대 길을 걸었던 엔리코는 문호 만초니에게 끝까지 무거운 짐 같은 존재로 살다 로마에서 생을 마친다. 만년에는 사리분별이 흐트러져 옛날 만초니가의 영지였던 칼레오토를 비롯해 이제는 남의 손에 넘어간 브리안차의 모든 땅이 다시 자기 것이 되었다고 믿어버렸다. 긴츠부르그는 "그것들 전부 (아버지가 쓴) 『약혼자들』에 나오는 땅이었다"라고 끝을 맺는다.

현대 시인 움베르토 사바는 베네치아 인근 트리에스테를 "꽃을 바치기에는 너무/거친 손의…… 소년"이라고 노래했는데, 중부 유럽의 영향이 짙은 이 북쪽 항구도시 트리에스테에 비해 브리안차는 너무나도 촌스러운 도시다. 트리에스테가 성마른 소년이라면 브리안차는 사람 좋고 부끄럼 많은 청년일 것이다. 두뇌 회전은 그다지 빠르지 않지만 조직 내에서는 열심히 일한다, 이것이 롬바르디아 출신에 대한 이탈리아 남부 사람들의 평이다. 롬바르디아 북서부를 대표하는 브리안차 사람들은 다름아닌 그런 근면성실함과 우직함 덕에, 세계에 내로라하는 견직산업을 가내수공업에서 근대적인 기업 규모로 발전시킬 수 있었는지도 모른다. 만초니의 『약혼자들』은 정치와 사회계급, 종교 등의 갈등 속에서 파란만장한 생애를 보낸 사람들을 그린 대하소설로, 정직하고 부지런한 주인공 렌초와 루치아는 고집스럽게 순결을 지키려다 온갖 고초를 겪는다. 평생 자기중심으로 살던 작가 만초니와는 정반대인데, 대부분의 독자는 이 책을 읽으며 만초니까지 신격화해버린 셈이다.

마리아 보토니의 긴 여행

오래된 사진 한 장. 한여름 태양이 내리쬐는 제노바 기념묘지의 하얀 대리석 계단 위에서 햇볕에 새까맣게 그을린 내가 흰색 투피스를 입고 희미하게 웃고 있다. 흑백사진이라 하얀 주랑 뒤로 사이프러스 몇 그루가 검게 솟아 있다. 일본을 떠난 지 사십일째인 1953년 8월 10일 아침, 이탈리아에 막 상륙한 참이었다. 비에 씻긴 제노바 부두로 나를 마중나온 사람은 초면의 마리아 보토니였다. 나와 안면이 있는 일본의 지인에게서 부탁을 받아, 제노바를 경유해 파리로 가는 나를 역까지 안내해줄 예정이었다. At-su-ko? 돌제 부두에 정박한 배를 눈이 부신 듯 올려다보며 묻던 그녀의 목소리가 지금도 귓가에 남아 있다.

흰옷을 입고 어색하게 웃는 내 옆에 마리아가 찍혀 있다. 흰색 블라우스에 남색 면 스커트, 맨발에 샌들을 신은 편한 차림의 마리아는, 나름대로 사진기를 의식하고 있는 나와 달리 딴 데를 보며 가슴께에 두 손을 깍지 낀 채 고개를 숙이고 있다. 마치 손톱이라도 살피는 것 같다. 나와 아무런 관계 없는 사람 같기도 하고, 엷은 금빛 머리칼은 꼭 백발처럼 보인다. 그날 마리아의 기분이 별로 안 좋았다고, 아주 나중에 누가 말해준 듯도 하다.

그날 밤 제노바 역에서 헤어진 후 파리에서 불안한 유학생활을 시작한 내게 그녀는 친절하게도 종종 소식을 전했다. 엽서에는 깨알 같은 글씨로 자신의 근황이나 내가 모르는 자기 친구 이야기가 빽빽이 적혀 있었다. 유럽인의 필적에 익숙지 않아 모르는 부분은 친구에게 대신 읽어달라고 부탁했고, 어느새 나까지 그녀의 친구 몇몇을 알게 된 기분마저 들었다.

그중 한 명이 마기 카츠라는 여자였다. 마리아는 파리 교외 뇌이에 사는 그녀를 친한 친구라고 소개하며 언젠가 만나러 가고 싶다고 쓰곤 했다. 몇 번이고 그 이름을 읽다보니 나는 카츠가 오래 알고 지낸 친구같이 느껴졌다. 뇌이라는 이름의 세련된 고급주택지를 떠올리며 왠지 잉그리드 버그먼이나 미셸 모르강 같은 미인이 아닐까 상상했다. 왜 친한 친구가 파리에 사는지는 물어보려고도 하지 않았지만, 어쨌든 그 이름은 우아한 어감 때문인지 강렬한 인상으로 남았다.

내가 알지도 못하는 친구 얘기는 자세히 쓰면서 마리아는 자기나 가족에 대해서는 무엇도 알려주지 않았다. 혼자 산다는 것 정도는 상상할 수 있었지만, 오랫동안 그 이상은 모르고 지냈다.

두번째로 마리아를 만난 것은 이듬해 부활절 휴가를 이용한 학생 단체여행에 참가해 로마로 갔을 때였다. 그 무렵 로마에서 일하던 마리아는 나를 반갑게 맞아주고 단체 일정이 비는 시간에 관광을 할 수 있도록 프로그램도 짜주었다. 그중 하루는 친구 집에 초대받았으니 함께 가자고 했다. 당시 우리는 피차 외국어인 영어로 대화를 했는데, a friend라는 말에 나는 어떤 친구냐고 자세히 물어보지도 않고 그날 약속 장소로 나갔다. 이탈리아에 사는 동안 이런 일이 몇 차례 있었다. 자국에서는 좀처럼 접할 기회가 없을, 평소에는 굳게 닫혀 있는 고귀한 이의 저택 문이 아마도 흔치 않은 일본인 손님이라는 이유로 아무런 설명 없이, 또는 설명해도 내가 알아듣지 못한 상황에 별안간 눈앞에서 열리는 것이다. 유럽에서 아직 일본인을 찾아보기 힘들었던 때라 그랬는지도 모른다. 스페인 광장이 내려다보이는, 건축 잡지에 나올 법한 세련된 펜트하우스에 사는 어느 귀족에게 식사 초대를 받아 미국인 제트족*과 동석했을 때도 그랬고, 저명한 프랑

* 제트기를 이용해 세계여행을 즐기던 부유층을 일컫는 말.

스 학자의 연로한 미망인이 핀초 언덕 앞에 있는 미술관 같은 집으로 데려가줬을 때도 그랬다.

그날도 마리아는 별다른 설명 없이 우리를 초대해준 사람은 보르게세 공작의 딸 카바차 후작부인이라고만 했다. 간명한 말투 때문에 나는 그게 얼마나 어마어마한 일인지 상상도 못하고 얼떨결에 그녀를 따라갔다. 로마의 유서 깊은 지구에 있는 보르게세 궁전으로 가서, 바티칸 궁전에서나 보던 거대한 문을 스탠드칼라에 화려한 줄무늬 제복 차림의 하인이 지키는 광경을 마주하고야 비로소 이 초대가 범상치 않은 것임을 깨달았다.

제일 먼저 어떤 방으로 들어갔는지, 카바차 부인이 어떻게 맞아주었는지는 전혀 기억나지 않는다. 그만큼 내가 얼어 있었기 때문일 것이다. 르네상스 회화에 자주 나오는 긴 테이블에 눈부시게 화려한 사람들이 늘어앉은 광경을 봤을 때는 급기야 숨이 막힐 지경이었고, 여행자 복장인 내가 자리에 너무나 어울리지 않아서 고개를 들기도 힘들었다. 카바차 부인이 일본에 관해 몇 가지 질문을 하고 나는 열심히 대답했다. 그럴 때마다 테이블에 줄지은 얼굴들이 일제히 미소를 띠며 내 쪽을 보는 것도 두렵기만 했다. 식사를 마치고 저택 안을 안내받았는데, 금색 칠이 된 침대 위 천장에서 파올로 베로네세의 작품인 듯한 그림을 보고 새삼 입이 딱 벌어졌다. 안에 하얀 시트가 있다는 생각이 전혀 안 드는 그 침대의 찬란함과 호화로움에 어안이 벙벙할 따름이었다.

마리아는 그날도 특별히 신경쓰지 않은 차림새로 나를 앞세우고 성큼성큼 의기양양하게 걸어다녔다. 여느 때처럼 가죽끈이 달린 납작한 갈색 샌들을 신고 있었던 것 같다. 지금의 나라면 꿈속에서 볼 법한 그 궁전을 매일 이용하는 사람들, 유럽사의 정수와도 같은 가족과 손님들에게 훨씬 흥미를 느껴 더 많은 질문을 하고 더 놀라워했을 것이다. 그러나 당시 세상물정에 너무 어두웠던 나는 로마의 보르게세 궁전에 식사 초대를 받기란 정말 하늘의 별 따기 같은 일이라는 사실을 도통 실감하지 못했다. 오로지 창피를 당하지 않으려는 생각뿐이었고 마리아에게는 참 신기한 친구도 다 있구나 싶었다.

로마를 떠나기 전날 밤에도 마리아와 식사를 했다. 그녀가 싸고 맛있다는 트라토리아*로 데려가주었다. 그리고 여느 때처럼 자기 친구 이야기를 하다가, 문득 마기 카츠와는 전쟁중 독일 수용소에 있을 때 만난 사이라고 말했다. 뭐? 놀라 되묻는 나에게 마리아는 뭐, 힘들었던 시절 얘기는 하지 말자, 하더니 입을 다물어버렸다. 그저 어머니가 유대인이었다고만 설명했을 뿐. 그

---

* 비교적 작고 대중적인 이탈리아 식당.

러고는 밥값을 정확히 반씩 나눠 낸 것도 신선했다. 그 무렵 만나는 유럽인은 대부분 가난한 유학생이던 우리 몫까지 내주었기 때문이다. 돈을 함께 내니 왠지 마리아와 대등한 관계가 된 기분이 들었고, 그것이 오히려 특별한 호의로 느껴져 기뻤다.

파리로 돌아간 뒤에도 마리아는 심심찮게 소식을 전해왔다. 내가 이탈리아어의 '이'자도 몰랐을 시절이니 아마 영어로 썼지 싶다. 자기 안부를 알리고 친구 이야기를 몇 줄 쓴 다음 또 만나고 싶다고 덧붙이는 간단한 내용이었지만 언제나 엽서에서 비어져 나올 기세로 깨알 같은 글자가 빽빽이 채워져 있었다. 언젠가 파리에서 마리아를 안다는 여자를 만났다. 밀라노 사람이고 가톨릭 그룹에서 알게 된 모양인데, 그 사람이 마리아는 마흔여덟 살이라고 알려주었다. 도무지 그 나이로 보이지 않는다는 데 우리는 의견을 같이했다. 이십대인 나에게 마흔여덟 살은 까마득한 나이였지만 마리아에게는 나이가 느껴지는 구석이 전혀 없었다.

대학 강의를 듣고 관련 책을 읽으며 나는 조금씩 이탈리아의 언어와 문화에 끌리기 시작했다. 마리아의 깨알 같은 글씨가 담긴 엽서가 한몫한 것은 틀림없는 사실이다. 사실 그 무렵 나에게 편지를 보내는 유럽인 친구는 그녀가 유일했다. 대학 수업 때문에 이탈리아어를 배울 생각이라고 하자 마리아는 페루자에 있는 친구를 소개해주겠다고 했다. 페루자의 외국인대학이라면 여름

한철 기초 단계는 습득할 수 있을 터였다. 마리아의 적극적인 주선으로, 나는 유럽에서의 두번째 여름을 그 중세도시에서 보내게 되었다. 6월 30일에 도착하자마자 하숙을 소개해준 마리아의 친구를 만나러 갔다. 그는 페루자 시립도서관장이었고, 천장까지 뻗은 어두운 나무색 책장이 사방에 가득한 크고 멋진 방에서 나를 맞아주었다. 대체 어느 나라 말로 이야기했는지는 지금도 불가사의인 것이, 꼭 여우에 홀린 기분이다. 페루자에서 편히 지내다 가라는 그의 말을 분명 들은 기억이 있기 때문이다. 어쨌든 페루자 유학은 마리아 덕분에 실현된 것이나 다름없으므로 그녀가 아니었다면 그 여름 어쩌면 스페인으로 갔을지도 모르고, 내 인생이 이탈리아와 이렇게 밀접히 연결되는 일도 없었으리라.

이 년간의 파리 유학을 마치고 일본으로 돌아온 나에게 마리아는 다시 부지런히 엽서를 보내왔다. 언제나처럼 가로쓰기로는 부족해서 테두리까지 빙빙 돌려가며 글을 썼다. 아무리 시간이 지나도 그 엽서를 해독하기란 꽤나 고역이었다.

그 무렵부터 마리아는 당시 이탈리아에서 가톨릭 좌파로 불리던 그룹이 펴내는 소책자를 함께 보내주었다. 정치운동과 무관해 보이는 마리아가 이 그룹과 어떻게 연결되어 있는지는 알 길이 없었지만, 매번 'P'라고만 서명하는 기고자의 글이 시선을 끌었다. 과격하지 않게 대상을 찬찬히 관찰하는 문장에 호감이 가서 인상에 남았다. 결혼하고도 한참 지나서야 그것이 남편의 필명이었음을 알았다.

1958년, 나는 다시 이탈리아로 유학을 갔고 로마에서 마리아와 재회했다. 마리아의 소개로 예의 그룹 사람들과 가까워졌고, 그들의 초대로 제노바의 한 집회에 가서 P를 만났고(그때는 그 사실을 몰랐지만), 이윽고 그와 결혼해 밀라노에 살게 되었다. 결혼하고 나서도 대문자 B가 유독 특이하고 인사치레로도 절대 달필이라 할 수 없는 깨알 같은 글씨로 채워진 마리아의 엽서가 일 년에 몇 번씩 나를 압박했고, 알아보지 못하는 부분은 남편이 대신 읽어주었다. 그래도 나는 마리아의 존재가 우리 해후에 기여했다고 생각한 적이 없었다.

마리아는 남편이 친구들과 함께 운영하던 서점에 가끔 나타났기에 귀가한 남편이 그녀의 안부를 전해주었다. 그녀는 내가 밀라노로 오기 한참 전부터 이 '가톨릭 좌파' 서점의 단골이었다. 로마에서 하던 일이 정년을 맞아 밀라노에서 일종의 자원봉사를 하고 있었는데 바쁜 듯도 하고 그렇지 않은 듯도 했다. 마리아가 원래 밀라노 출신이라는 것도 그때 비로소 남편을 통해 알았다.

전통을 따지는 밀라노라는 도시와 결혼으로 인한 생활의 변화에 정신이 팔려 마리아의 존재는 내 일상에서 급속도로 멀어져

갔다. 그때까지 친구만 의지하며 살던 나에게 남편의 친구와 가족이라는 새로운 인간관계가 생긴 것도 한 가지 이유였으리라.

살림이 서툴렀던 나는 일주일에 두 번 아델레라는 가사도우미를 불러 청소와 빨래, 다리미질 등을 부탁했다. 그녀가 마리아의 집에도 일주일에 한 번 간다고 말했을 때는 입이 딱 벌어질 정도로 놀랐다. 게다가 실은 마리아가 싫지만 자신의 은인뻘 되는 이에 대한 의리로 마지못해 다닌다는 것이었다. 아델레는 마리아가 인색하다고 했다. 큼직한 그랜드피아노를 두고 값비싼 식기로 가득한 상자가 몇 개나 되는데도 실제 사용하는 물건 외에는 모두 지하실에 처박아두고 손도 못 대게 한다는 것이다. 나에게도 그렇고 지인 이야기를 할 때 아델레는 반드시 누구누구 부인이라고 경칭을 붙였는데, 어쩐 일인지 마리아는 그냥 보토니라고만 불렀다. 좀더 마리아를 존중해줬으면 싶었지만, 아델레는 꼭 그 호칭을 고집했다. 이탈리아어로 '지루한 이야기를 장황하게 늘어놓는다'는 뜻으로 '단추를 단다'라는 표현이 있다. 단추가 이탈리아어로 '보토네'이므로 이 말은 마리아의 성에 꼬리표처럼 따라다녔다. 서점 친구들이 경원하는 뜻으로 내뱉던 "단추 다는 마리아"라는 말도 몇 번 들은 적이 있다. 혼자 사는 마리아는 외로웠을 것이다.

남편이 죽고 사 년 후 나는 일본으로 돌아가게 되었다. 출국일도 정해진 어느 날 저녁 시영 전철에서 마리아와 마주쳤다. 그녀는 "우리집에 들렀다 가"라고 말했다. 우리집에서 불과 세 정거장 거리였다. 특별히 바쁜 일도 없어서 그녀의 청을 받아들였다. 아담하지만 멋진 아르누보풍 아파트로, 건축가였던 아버지가 설계한 집이라고 했다. 그러고 보니 어느 날 돌아가신 백모의 유품이라며 근사한 밍크코트를 입고 나온 모습을 본 적도 있다. 남동생이 아버지의 뒤를 이어 건축가가 되었고, 지금은 미국에서 산다는 얘기도 했다. 동생은 부자야, 라는 마리아의 자랑이 또 아델레의 노여움을 샀다. 동생이 그렇게 부자라면서 왜 그 사람은 미국으로 가지 않느냐는 것이었다. 예의 그랜드피아노는 아델레의 얘기와 달리 지하실이 아닌 서재 겸 식당에 있었다. 꽤 널찍한 공간이었는데도, 아닌 게 아니라 그랜드피아노는 공간을 너무 많이 차지했다. 피아노도 치느냐고 묻자 응, 가끔, 하는 대답이 돌아왔다. 젊은 시절 콘서트 피아니스트였던 어머니의 유품이라는 것이다. 늘 편한 차림의 마리아가 이 번쩍이는 피아노 앞에 앉은 모습은 좀처럼 상상이 되지 않았다. 어떤 곡을 쳤을까. 내가 일본으로 곧 돌아갈 때가 돼서야 비로소 자기 집에 초대해준 것도 너무나 그녀답다고 생각했다.

일본으로 돌아와 몇 년간은 이상하게 생활에 여유가 없었다.

간신히 한숨 돌릴 무렵, 생각지도 않은 마리아의 편지가 왔다. 여전히 깨알 같은 글자로 가득해 읽기 힘든 엽서였다. 미국에 있는 동생 집에 갔다가 호주로 친구를 만나러 간다, 호주에서 일본은 세계일주 항공권에 포함되어 있으니 한번 가보고 싶다, 재워줄 수 있느냐, 고 묻는 내용이었다.

그날 나리타 공항으로 마중을 나갔더니 마리아는 눈시울을 붉히며 기뻐했다. 당신도 나를 위해 제노바 역에 나와주지 않았느냐고 말하자 물망초처럼 파란 눈에 눈물이 고였다. 이제 곧 여든이라 지금이 아니면 기회가 없을 거라 생각했다며 세계여행을 결심한 이유를 거듭 설명했다. 호주에서는 마기 카츠의 집에 신세를 졌다고 한다. 파리 뇌이의 세련된 집(물론 나 혼자의 상상일 뿐이다)에 사는 줄 알았던 카츠가 모르는 사이 호주로 '이민'을 갔다니 놀라웠다. 게다가 마리아가 보여준 스냅사진 속 마기 카츠는 옛날 내가 상상한 잉그리드 버그먼이나 미셸 모르강과는 거리가 먼, 그저 가무잡잡한 피부의 늙은 여자였다.

막상 그녀를 나의 코딱지만한 집으로 데려와 일하러 다니면서 삼 주를 함께 보내려니 때로는 답답하기도 했다. 그녀가 여행사를 통해 사흘간 교토에 가 있을 때는 솔직히 안도의 한숨이 나왔다. 함께 지내보니 마리아는 역시 '단추 달기 명인'이었다. 그녀는 일본인들이 영어를 못한다며 투덜댔다. 집 근처 교외 전철 역에서 영자신문을 팔지 않는 것도 어처구니없어했다. 잡지 자동 판매기에 돈을 넣었더니 포르노 잡지가 나왔다며 화를 내기도 했다. 귀가가 늦어지는 날은 내가 식재료를 준비해놓고 나갔는데 밤에 돌아와보면 아무것도 먹지 않은 상태였다. 직접 만들어 먹을 바에는 차라리 굶는 게 낫다는 것이다. 어디 구경을 가볼까 말해도 마리아는 우리집에만 있어도 즐겁다며 나가기를 꺼렸다. 그래서 마리아는 교토 말고는 이른바 일본다운 것을 전혀 보지 못했다.

어떻게 하면 마리아가 일본에 오길 잘했다고 여길지 계속 마음에 걸렸는데 어느 날 밤, 나는 어쩌다 예의 독일 수용소에 대해 물었다. 그리고 전혀 생각지도 못했던 그녀의 신상 이야기를 들었다.

전쟁 때 마리아는 밀라노의 한 대기업에서 비서로 일했다. 전쟁이 막바지에 이르러 파르티잔 활동이 활발하던 무렵이었다. 어느 날 상사가 그녀를 부르더니, 자네는 혼자 사니까 자기 친구를 좀 재워주지 않겠느냐고 물었다. 마리아는 당연히(라고 그녀는 말했다. 그 시절에는 상식적인 사람이라면 누구라도 그랬을 거라며) 그 사람을 재워주었다.

모르는 남자랑 한집에 지내면서 아무렇지도 않았어요? 내가 물었다. 그 상사를 믿었으니까 분명 무슨 사정이 있을 거라 생각했지, 그녀는 아무렇지 않게 대답했다. 전시에는 이상한 일들이 상식처럼 되어버린다고 순순히 인정하는 말투였다. 그 남자는 낮 동안은 항상 집에 없었는데 어느 날은 밤이 돼도 돌아오지 않았다. 다음날 회사로 갔더니 그 상사가 마리아를 불러서 만약 손님이 집에 남기고 간 게 있으면 몽땅 처분해버리라고 말했다. 그 다음날 또 누군가가 회사에서 그녀를 호출했다. 경찰이었다. 그 길로 상사와 함께 산비토레 감옥으로 연행되었다. 그녀가 재워준 남자는 파르티잔 대장이었다. 누군가 배신을 했고, 그도 마리아의 집으로 돌아오지 않은 날 밤 검거된 상태였던 것이다. 감옥 독방에 갇혀서야 비로소 마리아는 사태의 중대함을 깨달았다. 무서웠어, 그녀는 말했다.

마리아는 다른 이들과 함께 기차에 실려 독일의(어쩌면 오스트리아였을지도 모를) 수용소로 이송되었다. 어떻게 살아남았는지 모르겠어, 그렇게 말하고 마리아는 내 얼굴을 바라보며 침묵했다.

종전에 이르도록 어찌어찌 살아남은 그녀는 연합군에 의해 구출되어 파리로 보내졌다. 피골이 상접한 상태에서 그럭저럭 걸을 만해질 때까지, 또 생각이란 걸 할 수 있게 되기까지 얼마나 걸렸는지도 마리아가 말해주었는지는 기억나지 않는다.

얼마 후 그녀는 파리의 전前 억류자 구호소 내지 연락사무소 역할을 하던 곳에서 나왔고, 마기 카츠를 따라 뇌이에 있는 그녀의 집으로 갔다. 그녀도 수용소에서 살아남았지만 남편과 어린 딸을 잃은 뒤였다.

어느 날 마리아는 새로 부임한 이탈리아 대사가 자기 지인임을 알았다. 곧바로 연락하자 상대는 깜짝 놀랐다. 마리아가 진작 독일 수용소에서 죽었다고 믿고 있었기 때문이다. 살아 있다면 당신은 '레지스탕스의 영웅'이라는 말에 이번에는 마리아가 놀랐다. 파르티잔 투쟁을 했던 이들이 꾸린 신정부가 그런 훈장을 제정한 것이다. 대사가 지체 없이 손을 써준 덕에 마리아는 군용기를 타고 이탈리아로 돌아올 수 있었다.

믿기 힘든 에피소드가 하나 있다. 처음 연락이 닿았을 때 대사 부인은 마리아에게 슈트케이스부터 의복 일체를 조달해주었다. 그 안에 '발렌시아가'인지 '니나리치'인지, 어쨌든 유명한 쿠튀르에서 나온 모자가 있었다. 큼직한 차양과 꽃 장식이 달린 모자를 보고 막 수용소에서 나온 마리아는 세상에 이렇게 예쁜 모자가 다 있을까 생각했다고 한다. 밤에도 머리맡에 두고 잤을 정도다. 그런데 대사가 마리아를 위해 수배해준 이탈리아행 교통편은 기차로 마르세유까지 가서 이탈리아 잠수함(!)을 타고 나폴리로 가는 여정이었다. 마리아는 그것을 거절했다. 잠수함에는 큰 짐을 갖고 탈 수 없어서 다른 것도 아닌 그 모자를 단념해야 했기 때문이다. 그녀는 군용기 안에서도 모자를 내내 손에 쥐고 있었다고 한다.

'레지스탕스의 영웅'이 화려한 파리 모자를 껴안고 나폴리 공항에 내리는 광경은 얼마나 우스꽝스러웠을까 싶어 나는 웃음을 멈출 수 없었지만 마리아는 나름대로 진지했다. 대사 일가와 인연이 닿았던 일이나 파리 모자를 안고 이탈리아로 '개선'한 일이 더없이 소중한 추억이었던 모양이다.

이런 얘기만으로도 상당히 놀랍지만, 마리아의 긴 여행은 여기서 끝나지 않았다. 나폴리 공항에 내리자 관악대가 나와 국가를 연주했다. '영웅'은 이렇게 맞이하는구나 싶어 순간 긴장했지만 물론 그녀를 위한 이벤트가 아니었다. 취임한 지 얼마 안 된 공화국의 대통령이 마침 같은 날 나폴리에 도착했던 것이다. 대통령 이름을 듣고 마리아는 다시 한번 깜짝 놀랐다. 페루초 파리, 밀라노 레지스탕스 지도자이자 그녀와 산비토레 감옥에서 알고 지낸 사이였다(여기서도 마리아는 '친구'라는 표현을 썼다). 비행기에서 내린 대통령은 그녀를 보고 달려와 꼬옥 껴안았다. 그리고 마리아는 대통령이 보내준 군용기를 타고 로마로 돌아갔다는 것이다.

생애 최고의 날이었겠네요. 내가 말하자 마리아는 정말 근사했지, 하며 뺨을 붉혔다. 그렇게 로마로 가서 카바차 후작부인이

속한 그룹에서 일하게 되었다. 파리 대통령의 임기는 1945년 6월부터 11월까지였으니, 내가 로마에서 두번째로 마리아를 만난 건 그로부터 십 년쯤 후인 셈이다. 그때만 해도 마리아는 떠올리기도 싫다며 전쟁 이야기는 전혀 꺼내지 않았다. 그 근사한 모자는 어떻게 되었느냐고 묻자, 오랫동안 소중히 간직했지만 나중엔 낡아서 버렸다고, 의외로 담담하게 대답했다.

밤이 깊어가는 내 방의 꽃무늬 소파에 마리아의 이야기가 스며들면 좋겠다고 나는 생각했다. 마리아가 독일 수용소에서 죽었다면 나는 남편을 만나지 못했을지도 모른다. 이탈리아 말고 어디 다른 나라로 갔을지도 모른다. 게다가 내가 중대한 선택의 기로에 섰을 때 몇 번이고 우연히 함께해준 마리아가 20세기 이탈리아의 역사적 시간과 사람들과 이토록 긴밀하게, 이름도 빛도 없이 연결되어 있었다는 사실에 나는 한없이 감동했다. 그 마리아가 태연한 얼굴로 내 옆에 앉아 있는 것이다.

여든 살을 바라보는 마리아가 나를 만나러 먼길을 와주었다. 하지만 마리아에게는 별로 특별할 것 없는, 극히 일상적인 행위였다. 평상복 차림으로 제노바에서 나를 맞아준 마리아는 레지스탕스 때도 같은 옷을 입고 싸웠고, 일본에도 마찬가지 모습으로 찾아왔다. 일본이라는 '구경거리'를 보러 온 게 아니라 평상복 차림의 나라는 인간을 만나러 온 것이다. 그런 나름의 일관성이 실로 마리아다웠다. 사실 그녀는 사흘간의 교토 여행에 대해서는 거의 감상을 말하지 않았다.

나리타 공항에서 그녀를 배웅하고 몇 주가 지나 또 예의 읽기 힘든 글씨로 쓰인 감사 편지가 날아들었다. 그게 끝이었다. 이후 나는 마리아와 만나지 못했다. 호주의 마기 카츠가 그후 어떻게 되었는지도 이제는 알 수 없다.

반짝이는 바다 앞 트리에스테

젊을 적 나는 달마티아
바닷가를 떠돌았네. 먹이를 노리는 새가
어쩌다 머물고 가는 암초는, 미끈한
해초로 뒤덮여, 파도 사이로 보였다 말았다
태양에 빛났네. 에메랄드처럼
아름답게. 조수가 밀려오고, 밤이 바위를 감추면,
바람을 따라 돛단배들은, 먼바다로 나갔네. 밤이
놓은 덫에 걸리지 않도록. 오늘,
나의 왕국은 저 무인지대
항구는 누군지 모를 이를 위해 등불을 밝히고,
나는 홀로 먼바다로 나가네. 아직 설레는 정신과,

인생에 대한 참혹한 사랑에, 씻겨

이는 이탈리아를 대표하는 현대 시인 움베르토 사바가 1946년 출간한 시집 『지중해』 말미에 실린 「율리시스」라는 시다. 젊은 날 시인의 방랑심이 태양에 반짝이는 지중해를 배경으로 호메로스의 영웅을 불러오며 읽는 이를 강하게 유혹한다. 이제 오십을 바라보는 시인은 소년 시절을 돌아볼 정도로 나이가 들었음을 느끼지만 시혼詩魂은 휴식을 허락하지 않는다.

내가 이 시에 끌린 것은 아마 남편이 죽은 후일 것이다. 이탈리아 북부 롬바르디아 농촌에서 자란 남편은 소년 시절의 한때를 아드리아 해 연안 이스트리아 지방(지금은 유고슬라비아령이 된 것으로 안다*)에 있는 작은 섬의 기숙학교에서 보냈다. 초등학교 이상의 교육을 받으려면 수도회가 운영하는 그런 벽촌의 학교에 장학금을 받고 갈 수밖에 없는 처지였으니 분명 어둡고 비참한 시기였을 것이다. 그래도 남편은 이제 이름도 기억나지 않는 이스트리아의 섬 얘기를 가끔 그리운 듯이 꺼내곤 했다. 언제 꼭 같이 가보자. 그러면 한동안 산 적이 있고(대체 거기서 뭘

* 1991년 유고 연방이 해체되며 슬로베니아와 크로아티아, 이탈리아령으로 분할되었다.

했을까), 열애하던 시인 사바의 고향이자(조이스나 릴케와도 인연이 깊고), 마찬가지로 아드리아 해에 면한 국경도시 트리에스테에도 데려가주겠다면서.

움베르토 사바는 1883년 트리에스테에서 태어나 2차 세계대전 당시 몇 년을 제외하면 거의 평생 고향에서만 살았다. 젊은 적 달마티아 바닷가를 떠돌아다녔다는 것은 물론 은유다. 이 시는 원문으로 읽으면 느릿한 리듬, 음성과 더불어 깊은 곳에서 퍼져 나가는 음악성을 느낄 수 있는 아름다운 작품이다. 사바도 이 작품에 자신이 있었던 모양으로, 특히 "Nella mia giovinezza ho navigato(젊은 적 나는 바닷가를 떠돌았네)"라는 첫머리 11음절은 음성과 형식 모두 '완벽'하다고 자평했다. 최근 들어 부쩍 평가가 높아져 이탈리아 현대시 앤솔러지에 빠지지 않고 실리는 작품이기도 하다. 제임스 조이스의 작품이 뒤늦게 번역되면서, 그간 머리가 굳은 '국어' 교사들에게 유폐되어 고전으로 묻혀 있던 호메로스의 율리시스 이미지가 겨우 현대적으로 수용됐는지도 모르겠다.

사바의 아버지는 무책임하고 멋부리기 좋아하는 이탈리아 젊은이였고, 어머니는 트리에스테의 게토 출신 유대인이었다. 유년기에는 슬라브계 유모가 어머니 역할을 대신했던 듯하다. 그는 1차 세계대전 때까지 오스트리아의 지배를 받은 트리에스테에서 일종의 상업학교를 다녔고, 한동안 주변을 어슬렁거리면서 서점 일을 배우다 얼마 후 자기 가게를 열었다. 희귀본을 취급하는 고서점이었는데, 유대인답게 한때는 꽤 많은 돈을 벌기도 한 모양이다. 젊은 시절 사바의 시집은 대부분 자기 서점에서 자비로 출판한 것들이다.

사바가 서점 주인이었고 소음과 외풍을 몹시 싫어한 시인이라는 점에서 나는 사바와 남편의 이미지를 겹쳐보곤 했다. 남편도 밤이 되면 그의 시를 소리내어 읽어주며 내 착각을 기꺼이 받아들여주는 듯했다. 트리에스테의 겨울에는 보라라는 북풍이 분다. 남편은 왠지 그립다는 투로 그 바람 이야기를 했다. 순간풍속이 몇십 미터에 달하는 돌풍이 바다에서 불어닥치기 때문에, 바람 부는 날이면 날려가지 않도록 난간을 붙잡고 언덕길을 오른다고 한다. "당신 같으면 잠깐도 못 버티고 날아가버릴걸" 하고 남편은 재미있다는 듯 말했다. 십자말풀이에 '트리에스테의 유명한 바람'이라는 설명이 있으면 답은 틀림없이 보라다. 그러나 어찌된 일인지 사바는 그 바람을 시에서 별로 언급하지 않았다. 분명 바람을 싫어했으리라. 다만 문학 교과서의 사바 항목에 반드시 인용되는 시 「트리에스테」에 등장하는 소년에게서 이 바람 소리를 느낄 수 있다.

트리에스테의 아름다움에는 가시가 있네
이를테면 꽃을 바치기에는, 너무나
거친 손, 미숙하고 탐욕스러운,
푸른 눈의 소년 같은

'꽃을 바치'는 상대는 당연히 여자이자 연인이다. 어찌 보면 이 네 행에 사바의 모든 것이 담겨 있다. 트리에스테는 곧 사바이고, 따라서 시의 소년도 사바다. 게다가 사바의 사랑은 앙칼진 가시를 감추고 있었으므로 꽃을 바칠 수 없었다.

사바의 시는 자전적이라고 한다. 으레 난해하기 마련인 현대시 가운데서 그의 작품은 얼핏 아주 단순해 보인다. 「율리시스」를 친구들에게 처음 읽어주었을 때, 한 사람은 훌륭하다고 하고 다른 한 사람은 자네 시는 너무 쉬워서 문제라 했다고 사바는 말한다. 청년 시절 이탈리아 문단의 중심이던 피렌체로 가서 저명한 시인 몇몇을 만났을 때도 은근히 싸늘한 대우를 받았던 모양이다. 다다이즘과 미래파의 바람이 불던 당시의 피렌체에서 시인 사바는 시골뜨기라고 무시당했을 것이다. 그는 자신의 시에 시대착오적인 구석이 있음을 의식하면서도 스타일을 바꾸지 않고 평생 자신의 문체를 지켰다. 작품에 대한 평가는 전문가들 사이에서도 갈린다. 대체로 이탈리아 시는 이른바 리얼리즘으로 이어지는 단테 계통, 허구성과 형식 쪽으로 기우는 페트라르카* 계통으로 나뉘는데 사바는 말할 것도 없이 후자에 속한다. 그의 페트라르카주의는 하인리히 하이네의 영향이라는 설도 있다. 이 역시 1917년까지 오스트리아령이었던 트리에스테의 지방색에서 유래한다. 오스트리아령이니 당연히 빈이 수도라는 얘기고, 1차 세계대전이 끝날 때까지 트리에스테의 학교에서는 독일어가 필수였다.

유학온 지 얼마 되지 않아 제목에 끌려서 『새, 거의 산문으로』라는 사바의 시집을 사 읽은 적이 있다. 쉬운 이탈리아어로 썼구나란 생각은 했지만 사실 별다른 느낌은 없었다. 그런데 결혼한 상대가 알고 보니 둘도 없는 사바의 팬이었다. 그러나 남편은 나에게 사바가 왜 위대한지 그 비밀을 조금도 설명해주지 않고 시집만 차례로 건넬 뿐이었다. 그렇게 사바의 이름과 함께 트리에스테라는 지명이 내 안에서 좋은 와인처럼 숙성해갔다.

트리에스테라는 도시 이름은 아버지를 통해서 처음 들었을 것이다. 1차 세계대전 이야기에서 단눈치오나 피우메 같은 인지명

---

* 르네상스 시대의 대표 서정 시인.

과 함께 나왔던 듯도 하고, 전쟁 전 오리엔트 특급열차를 타고 여행했다는 이야기에 등장했는지도 모른다. 어쩌면 전후 연합군이 트리에스테를 분할했다는 이야기였는지도 모르겠다. 어쨌든 트리에스테라는 말은 오늘날 일본의 쿠릴 열도 분쟁* 같은 정치적 슬로건의 정신구조와도 통하는 바가 있는 지명이자, 세기말 빈을 연상시키는 상당히 노스탤직한 울림을 지녔던 모양이다. 제목은 잊었는데, 전후에 만들어진 네오리얼리즘 영화 중 트리에스테를 다룬 작품이 있었다. 연합군이 점령한 지역과 유고슬라비아령이 된 지역으로 연인들이 제각각 헤어지게 된 이야기였다. 내 기억에 영화 속 트리에스테의 이미지는 가난한 집안에서 테이블 너머로 사람들이 이야기하는 장면이나, 건널목처럼 차단기가 오르내리는 도시 내 국경선 정도였다. 언덕길이 많다, 바람이 세다는 것도 그 영화를 통해서는 알 수 없었다.

트리에스테라는 이름이 새롭게 되살아난 이유는 결혼식을 우디네라는 북쪽 도시에서 올렸기 때문이다. 식이 북적이는 게 싫다며 남편은 아는 이가 많은 밀라노 대신 한 친구가 사제로 있는 이 지방도시를 택했다. 트리에스테 등의 해안 지방이 통상 베네

* 러시아 쿠릴 열도의 네 개 섬에 대해 일본이 '북방 영토'라 부르며 영토권을 주장한 것.

치아 문화권에 속하는 데 반해 프리울리의 우디네는 오스트리아와 국경을 접하는 내륙도시이고 언어 계통도 완전히 다르다. 그래도 지리상으로는 트리에스테와 가까워서, 우리가 식을 올리고 머문 프리울리의 작은 시골 마을에서나 남편 친구들의 권유로 찾아간 바닷가 마을에서도 사람들이 곧잘 트리에스테를 언급했다. 특히 11월의 차가운 안개 속 모래톱 끝에 수묵화처럼 떠오른 그라도의 섬을 방문한 날, 저쪽이 트리에스테라고 일러주는 친구의 목소리에서 은밀한 동경 같은 것을 느꼈다. 남편이 언제 같이 가보자고 말하게 된 것도 그날 이후였던 듯하다.

사바가 트리에스테의 길을 노래한 시가 몇 편 있다. 길보다 '거리'라고 하는 편이 나을지도 모르겠다. 유럽 도시의 거리에는 저마다 표정이 있다. 딱 봐도 유복한 사람만 살 것 같은 거리. 낡은 집들이 줄지어 있어 지나가는 사람까지 기가 쇠할 듯한 거리. 혹은 마을 변두리의 신작로로, 아직 이렇다 할 성격이 자리잡지 않은 막연한 길.

많은 슬픔이 있고,
하늘과 집들이 아름다운 트리에스테에는
'산길'이라는 언덕길이 있네

……언덕 한쪽에는 잊힌
묘지가 있네. 장례식이 끊이지 않는 묘지
……유대인들의
오래된 묘지. 내 마음속에선
무척이나 소중한, 그 묘지……

역시 트리에스테 출신의 저명한 시인 비아조 마린은 『트리에스테의 길과 해안』이라는 짧은 수필집에서 이 '산길'을 오늘날도 견딜 수 없을 만큼 슬픈 거리라고 표현했다. 사바가 노래한 유대인 묘지는 현재 유대교 회당이 된 모양이다. 1700년대까지는 처형장이 있어서 '교수대 거리'라고도 불렀다고 한다. 유대인은 그런 슬픈 장소에 그들의 묘지를 할당받은 것이다.

어쩐 일인지 남편은 유대인에게 늘 깊은 애정을 보였다. 아마 성서에 나오는 그들의 고단한 운명과 유랑에 공감해서일 것이다. 또한 2차 세계대전중 반나치 저항운동에 가담하여 유대인을 숨겨준 세대에게 그런 애정은 치열한 삶의 한 증거였는지도 모른다. 그는 정치에는 어두웠지만, 어쩌다 유대인을 나쁘게 이야기하는 친구를 보면 끈질기게 반론을 펴곤 했다. 그가 죽은 지 이틀째인가 또다시 중동전쟁이 발발해 이스라엘이 골란 고원을 점령했다. 바다 건너에서 피비린내 나는 전쟁이 시작되었으니 이탈리아인들도 방관할 수 없는 사태였다. 페피노가 살아 있었다면 얼마나 슬퍼했을까, 친구들은 말했다. 다시 몇 달이 지나 남편과 친했던 유대교 랍비로부터 페피노의 죽음을 애도하며 이스라엘의 어느 언덕에 올리브 묘목 한 그루를 심었다는 편지를 받았다. 그런 남편이었으니 유대인 사바를 애틋해할 수밖에 없었는지 모르겠다.

유대인 묘지가 있는 언덕길. 그곳에서 사바는 배가 정박한 항구를 바라보고, 광장 시장의 차양을 누비는 인파에서 그들의 삶을 읽어낸다. 살기 위한 투쟁을 끝낸 사람들이 조용히 누워 있는 묘지와, 아직 투쟁의 한복판에 있는 시장 사람들.

「세 갈래 길」이라는 이 시에는 그외에도 '옛 라차레토 거리'라는 길이 나온다. 라차레토는 옛날 의료비가 없거나 길가에 쓰러진 사람 등을 수용한 구빈원 같은 곳이다. 사바의 시에 나오는 이 길도 전체적으로 어둡고 슬픔이 가득하다. 그런 길도 사바는,

단 하나, 밝은 가락이 있네

라고 노래했다. 이 거리와 교차하는 몇 갈래 길은 모두 바다와 이어진다. 나는 항구도시에 살아본 적이 없지만, 이처럼 길 끝에 나오는 바다를 '밝은 가락'이라 표현함으로써 라차레토 거리는

일말의 구원을 받고, 태양에 빛나는 파란 바다와 하늘은 시를 읽는 이를 위로한다. 그 파랑은 사바의 파란 눈을 한층 짙게 만들어주었으리라.

파란 눈 하면 떠오르는, 내가 좋아하는 사바의 사진이 있다. 시인의 사진이란 대개 그다지 인상적이지 않은데 사바의 사진 몇 장은 뚜렷이 기억에 남았다. 유명한 사진가의 작품일까? 하나는 가르찬티판 『이탈리아 문학사: 현대』의 사바 항목에 실린 것으로, 배를 매어놓는 트리에스테 부두의 기둥에 반쯤 걸터앉아 한 발을 돌바닥에 단단히 디디고 있는 모습이다. 좀 놀라울 정도로 큼직한 신발(이랄지 발이랄지)에, 등을 둥글게 구부렸는데도 상당히 키가 크다는 느낌이 든다. 또하나는 어두운 쪽으로 열린 창 앞에서 찍은 것인데, 얼굴 부분은 역광이라 거의 보이지 않는다. 한쪽 눈만 사람을 탐색하는 표정으로 빛을 받고 있다. 사바가 소음과 외풍을 싫어해 자기 방 창문을 못질해버렸다는 이야기를 남편에게 몇 번이나 들었기에 그 사진을 처음 보고는 어느 방 창문일까라는 생각부터 들었다. 두 사진 모두 미세한 표정을 잡아내진 않았는데도 오히려 그 덕에 사바라는 인간의 부피감이 마치 조각 작품처럼 효과적으로 다가와 신기했다. 그리고 표정을 자세히 찍은 사진보다 사바의 인격 자체를 훨씬 잘 전해준다. 시인의 초상이라면 눈썹 언저리의 그늘이나 날카로운 눈매를 떠올리기 십상인데, 이 사진들만 놓고 봤을 때 사바는 얼핏 보통 사람 같지만 자세히 살피면 커다란 물체 같은 몸뚱이에 엄청난 '무언가'가 가득찬 느낌이다. 부두에서 찍은 사진은 절반쯤 등을 보이고 있어 오츠벨의 코끼리* 같기도 한다.

'얼핏 보통 사람' 같은 이 부분은 사바가 작품에서도 항상 보여주는 트릭이다. 그의 시는 단순하고 평이하며 자전적인 듯하지만, 사실 페트라르카 이래 갈고 닦인 전통 서정시의 기법을 구사하기에 현대 시인으로서는 드물게 형식의 완성도가 높다는 평가를 받는다. 실생활에서는 나날이 고독과 불면, 소외감에 시달리면서도 시에서는 늘 철저한 프로의 태도를 잃지 않는 자세가 그의 서정성을 시종 뒷받침해준다. 그는 시인의 독선을 신비주의로 포장해 읽는 이를 억누르려 들지 않았다.

……자기
밖으로 나가, 모두의
인생을 살고 싶다는,
여느 때의
보통 사람들과,

---

* 미야자와 겐지의 단편동화 「오츠벨과 코끼리」에 나오는 하얀 코끼리.

같아지고 싶은,
바람
……이 마을 변두리의
새 길에서, 한숨처럼
덧없는 바람이, 나를
붙들었네

……그곳에서 나는
처음으로, 달콤하고 공허한
바람에 휩싸였네
따뜻한, 모두의 인생 안에,
내 인생을 끼워넣어,
여느 때의,
보통 사람들
그들과 같아지고 싶다는
바람, 에*

사바는 시에 관한 한은 '빵이나 포도주처럼' 진지하며 본질적으

* 움베르토 사바의 「마을 변두리」 일부.

로 존재하고 싶다는 희구 혹은 결의를 지병처럼 짊어진 채 평생 고수해온 시인이다. 여기서 '시에 관한 한은'이라는 부분을 다시금 강조하고 싶다. 사바에게 그것은 윤리나 인생을 논하며 다진 결의가 아니라 지극히 평범한 '보통의 시'에 대한 결의였다고 나는 해석한다.

또하나, 사진은 아니지만 사바의 초상이 있다. 최근 친구가 이탈리아에서 가져다준 『사바의 시큼한 포도주』라는 책의 표지로 쓰인 것인데, 우디네에서 태어나 트리에스테에서 생애를 마친 화가 볼라피오의 작품이다. 책은 제목이 보여주듯 사바에 대한 추억을 적은 백 쪽 정도의 소품이다. 흰 바탕에 파란 바다와 하늘을 배경으로 한 사바의 초상화가 가로세로 5센티미터 정도인 정사각형 틀에 들어 있다. 볼라피오는 사바와 동갑으로 1931년에 죽었다. 카탈로그에 따르면 1921년작인 이 초상은 볼라피오의 걸작 중 하나라고 한다. 출생 연도로 계산하면 초상화 속 사바는 서른여덟 살이다. 1921년은 사바가 자비를 들여 두번째 시집을 출판한 해로, 그의 이름이 아직 사람들에게 널리 알려지기 전이다. 나이에 비해 머리가 많이 벗어졌지만 표정은 젊다. 가슴 위만 그린 흉상으로, 여기서 사바는 검은색 벨벳 느낌 상의에 큼직한 보헤미안풍 나비넥타이를 맸다. 뒤로는 모래톱처럼 밝은 황갈색 돌바닥이 보이고, 파란 바다로 이어지는 부근에 하얀 돛을 단 요트 한 척이 뭍에 올라 있다. 검푸른 바다 위로 그림의 절반을 차지하는 파란 하늘. 바다와 사바의 커다란 눈이 거의 같은 색으로 그려져 있는데 사진과 달리 이 그림 속 사바는 표정이 뚜렷하다. 뭔가 고민하는 듯 고개를 살짝 기울였지만 타고난 성실함이 또렷이 드러난다. 아직 작품세계가 완성되지 않았던 당시의 사바를 바다와 하늘과 하얀 돛으로 표현해낸 볼라피오에게서 실로 선견지명이 느껴진다.

남편이 죽고 두번째 맞는 여름, 트리에스테를 방문할 기회가 생겼다. 생전에는 끝내 함께 가지 못한 도시로 일본에서 온 손님을 안내하게 된 것이다. 현대 조각의 선구자인 마르첼로 마스케리니를 만나기 위해서였다. 트리에스테의 고지대 소나무 숲속에 있는 그의 집은 농가풍의 하얀 벽이 눈부셨다. 아틀리에도 소박하고 심플했으나 본질적으로 고급스럽고 모던한 모양새였다.

그날 밤 마스케리니는 친구들을 불러 우리에게 파티를 열어주었다. 향기로운 소나무 아래 아르헨티나인 기타리스트가 자기 나라식 바비큐를 차려주었다. 북국의 긴 황혼이 지고 드디어 밤이 오자 다함께 집안으로 들어가 세상 사는 이야기를 계속했다. 그들 중 주세페 치가이나라는 외팔이 화가가 있었다. 시인이자 영화감독인 파솔리니와 친했다며 〈테오레마〉라는 영화에 직접 출연한 이야기를 해주었다(나중에 파솔리니의 영화 〈데카메론〉에도 잠깐 나온 걸 보고 반가웠다). 어릴 적 사고로 한쪽 팔을 잃었다는데, 그런 이야기가 스스럼없이 나올 만큼 그날 밤 조각가의 응접실에는 따뜻한 분위기가 감돌았다. 초여름인데도 난로를 피울 만큼 쌀쌀한 날씨에 우리는 밤이 깊도록 각자 경험한 전쟁 이야기를 했다. 아르헨티나에서 왔다는 남자는 기타를 치면서 먼 나라의 노래를 불러주었고, 이런 자리에 빠지지 않는 "네가 죽으면, 네가 죽으면 꽃 한 다발 바치리"라는 파르티잔의 노래를 합창하는 사람들도 있었다. 오래도록 꿈꿔온 사바의 고장 트리에스테에 있다는 사실을 잠시 잊은 것도 같았다.

그때 누군가의 입에서 사바의 이름이 나왔다. 마스케리니가 생전의 시인과 교분이 있었던 모양이었다. 나는 시인에 대해 열심히 물어보았지만 그들, 특히 마스케리니의 말투에서는 너희 같은 타국 사람이 사바의 시를 이해할 리 없다는 완고한 확신, 거의 모욕에 가까운 울림이 느껴졌다. 다른 손님들이 말하는 사바도 트리에스테의 명예이자 한편으로는 자신들 일상 속의 친한 친구였다. 나는 어느 쪽이나 달갑지 않았다. 나와 남편이 가난한 생활 속에서도 페이지를 좇으며 쌓아올린 보석 같은 사바의 시는 그날 밤 마스케리니의 아름다운 응접실 어디서도 찾아볼 수 없었다. 나의 사바가 진정한 사바다. 잠자리에 든 뒤에도 나는 연신 그렇게 되뇌었다.

이튿날 소나무 숲속 조각가의 집에서 택시를 타고 여름 태양이 눈부시게 비치는 언덕길을 달려 역으로 향하면서 나는 다음에는 혼자 와야겠다고 생각했다. 누군가를 만나거나 뭘 하겠다는 생각 없이 그저 트리에스테의 길을 혼자 걸어보자, 부두에 서서 트리에스테의 바다를 바라보자……

베네치아로 가는 기차는 올 때와 마찬가지로 깎아지른 낭떠러지 길을 달렸다. 창 너머 멀리 아래쪽에는 하얀 파도가 바위에 부서지고, 여기저기 돛단배가 흩어진, 사바의 눈처럼 파란 바다가 한없이 펼쳐져 있었다. 호메로스, 조이스, 그리고 사바가 사랑한 율리시스의 바다가 여름 햇살 속에 반짝이고 있었다.

철도원의 집

꿈결에 듣는다. 끼익하는 바퀴 소리. 살짝 전진한다. 다시 끼익, 멈춘다. 기관차 소리가 일순 숨을 크게 들이쉬듯 거세지고, 이제 가려나 싶으면 다시 끼익하며 열차가 멈춘다. 여전히 어두운 방 가득히 바퀴의 삐걱거림이 퍼진다. 아까부터 계속 반복되고 있다. 낮에 제대로 일하려면 조금 더 자두어야 한다. 그렇게 생각해도 삐걱거리는 바퀴 소리 탓에 잠을 이루지 못한다. 가끔 도움을 청하듯이 열차가 휘익 새된 기적 소리를 낸다. 그 소리를 듣는 나도 앞길이 가로막힌 화물열차 같은 기분이 들어 침대 안에서 어깨에 힘을 준다.

추운 겨울날 아침이면 레일이 얼고 바퀴가 미끄러져 무거운 화물열차는 오르막길에 갇힌 신세가 된다. 레일에 모래를 뿌려도 바퀴가 헛돌기만 할 뿐 앞으로 나아가질 못한다. 그해 겨울은 그런 날이 며칠씩 이어졌다. 남편이 출장을 가서 시댁에 머무는 일만으로도 마음이 시린데, 이 소리에 잠을 깨면 이상하게 덜컥 불안감이 밀려들고 내가 우주 안의 조그만 점이 된 기분이 든다.

아버지가 철도원이었던 남편의 가족은 로마-밀라노 본선이 밀라노 중앙역으로 들어오기 직전의 오르막길에 있는 선로 옆 철도관사에 살았다. 시아버지가 돌아가신 후에도 시어머니는 네 아이를 키운 그 공동주택을 떠나지 않았다. 기차는 제방 위를 달리고 선로와 집 건물 사이에는 정원이 있어 포플러 가로수를 심고 화단도 꾸며놓았지만, 이른 아침 화물열차의 삐걱거리는 바퀴 소리는 머리 바로 위에서 울리는 듯했다.

잠자리에서 아득한 기적 소리를 들으며 상상에 빠지는 장면은 『잃어버린 시간을 찾아서』 첫머리에도 등장한다. 최근에 읽은 미국 작가 폴 서루도 매력적인 현대판 오디세이 『그레이트 레일웨이 바자』* 도입부를 위해 동부의 도시에서 보낸 소년 시절 침대에서 듣던 먼 기차 소리를 가져왔다. 그러나 차디찬 겨울날 아침 내가 잠자리에서 들었던 화물열차의 삐걱거림은 좀더 불길하고 가망 없이 느껴져, 갓 시작된 결혼생활에 대한 불안을 부채질했다.

* 국내에는 『폴 써루의 유라시아 횡단 기행』으로 출간되었다.

그 철도 노선이 우리 생활 한가운데를 똑똑히 가로질러갔음은 부정할 수 없다. 남편이 나와 결혼했을 때는 아버지를 여읜 지 십 년 가까이 지난 뒤였는데도 철도원의 가족이라는 현실은 여전히 완고하게 버티고 있었다. 이탈리아인과 결혼했다는 사실보다 훨씬 가까이서 내 일상을 지배한 것 같다. '화물열차'나 '조차장' 같은 낱말이 나의 부족한 이탈리아 어휘 안에서 기적 소리나 연기 냄새와 함께 원체험 비슷한 잔뿌리를 뻗어갔다. 만년의 시아버지는 신호수였고, 관사 앞쪽 제방 위, 말 그대로 성냥갑 같은 작고 네모난 신호소 건물에서 일했다. 밤이 되면 집에서 창밖으로 그 전등빛이 보였지만, 안개가 짙은 밤에는 직선거리로 30미터밖에 되지 않는 그 불빛이 어렴풋하게조차 보이지 않았다. 창문 바로 옆 플라타너스의 그림자조차 보얀 우윳빛 안개 속으로 사라져버렸다. 그런 날이면 가족들은 혹시 사고라도 나지 않을지, 날이 밝아 아버지가 집으로 돌아올 때까지 걱정하며 기다렸다고 한다. 내가 느끼기에는 주방 벽에 걸린, 콧수염을 기르고 어깨가 넓은 사진보다 신호소가 시아버지의 생애를 상징하는 듯했다.

남편에게 '철도원'이란 헤아릴 수 없는 그리움을 불러옴과 동시에 어머니와 결핵으로 요절한 형, 여동생으로 이뤄진 가난한 집안을 떠올리게 하는, 무서운 힘을 가진 말이었을 것이다. 같은 철도원의 아들이라는 이유로 남편은 친구들 중에서도 작가 엘리오 비토리니를 각별히 생각했다. 쟁쟁한 현대 작가이자 전후 문화의 지도적 존재로 문단에 군림하던 비토리니를 남편이 언제 어디서 알게 되었는지는 끝내 듣지 못했지만, 종전 직후 혼란하던 시절 자주 집에 놀러왔었다며 시어머니도 그를 추억하곤 했다. 가난한 농가 태생임에도 책 읽기를 무척 좋아했던 시어머니는 확실한 줄거리가 없는 소설을 싫어했다. 그런 책을 읽으면 이런 뜻인가 싶다가도 다른 뜻 같기도 하다며 난처한 표정으로 웃었다. 비토리니의 작품도 네오리얼리즘과 인상파를 뒤섞은, 종종 대화만으로 이야기를 이끌어가는 특이한 문체였기에 시어머니는 줄거리가 너무 없어 무슨 말인지 모르겠다, 너희같이 공부깨나 한 사람이 칭찬하는 책은 믿을 수가 없다며 푸념했다.

비토리니의 아버지는 역장이었다. 시아버지는 사회주의자이자 전시에 파시스트당 가입을 거부한 전력이 있어 만년 평사원이었다(쉽게 말해 모든 구속을 싫어한 사람이었던 듯하다). 시어머니는 그 일을 자랑스러워했지만, 비토리니의 아버지로 대표되는 출세한 부류의 사람들에게 못내 분한 감정이 남은 것도 분명했다. 그러나 남편에게는 철도원의 집에서 태어났다는 것이 원풍경을 공유하는 소중한 무언가로 다가왔던 모양이다.

'북쪽'에서 일하다 보름 치 급료를 받고는 무작정 기차를 타고 고향 시칠리아로 돌아가버리는 남자가 화자로 등장하는 『시칠리아에서의 대화』에는 비토리니의 작품 중에서도 가장 환상적이고 순수한 문학적 공간이 있다. 고향 사람들과 화자가, 또는 고향 사람들끼리 나누는(때로는 이오네스코를 연상시키는) 기묘한 대화는 기차 안 어딘가에서 들려오는 얼굴 모를 이들의 대화 같은 정취를 자아내며 작품을 지배한다. 비토리니는 후기에서 이 작품은 자전이 아니며 배경을 시칠리아로 설정한 이유도 그저 시칠리아라는 발음이 마음에 들어서, 예컨대 "페르시아나 베네수엘라로 해도 상관없었다"라고 참으로 그답게 멋쩍은 설명을 한다. 그러나 아무리 봐도 이 작품은 비토리니가 유년기에 여름방학을 보내던 할미니 집에서 접한, 태양에 그을린 선인장과 유황 냄새를 실은 바람이 부는 시칠리아 그 자체다. 집집을 돌며 환자에게 주사를 놓아주고(이탈리아에서는 병이 나면 간호사 면허를 가진 사람이 집에 와서 주사를 놓아준다. 건물 관리인에게 부탁하면 근처에 사는 간호사를 알려준다. 그러니 주사만을 목적으로 병원에 가거나 의사를 만나는 일은 없다), 동굴처럼 빛이 차단된 집에서 숯불에 구운 건청어와 풋고추로 배를 채우는, 태곳적부터 그 땅에 들러붙은 듯한 가난한 어머니상에서 메마른 환상성과 함께 활달한 사실주의의 저류를 읽어낼 수 있다. 비토리니는 열다섯에 부모 곁을 떠나 당시 작가 지망생의 메카로 통하던 피렌체로 간다. 그후 밀라노에 정착할 때까지 곧잘 기차를 타고 방랑 여행을 했다고 한다. 비단 철도원 가족에게 지급되던 무료 통행권 때문만은 아니었다.

> 황야에 사는 인간은 방랑자다. 마찬가지로 우리 구릉지대 사람들도 유랑민이다. 남쪽에서 북쪽으로, 또는 북쪽에서 남쪽으로 긴 열차를 타고 여행하면서 사흘이나 나흘, 때로는 닷새 내내 선 채 창 너머 이탈리아라는 이름으로 한데 묶인, 아무리 가도 이토록 한결같은 이 땅을, 그리고 바리, 볼로냐, 카탄차로, 제노바 등 이토록 제각각인 장소를 의아하기 그지없는 눈으로 바라본다.

이는 비토리니 만년의 작품 『메시나의 여인들』 첫머리다. 그의 작품에서 여행, 더 정확히 말해 방랑은 중요한 위상을 차지한다. 피렌체에서 신문 교정 일을 하며 먹고살던 젊은 시절에도, 전쟁 중 밀라노에서 저항운동에 가담하던 무렵에도 그는 현재 자신이 놓인 장소에 정착할 줄 몰랐다. 나중에 남편의 서점에서 그를 몇 번 마주쳤는데, 당시 만년의 비토리니는 몬다도리 출판사 요직에 있었는데도 항상 막 여행을 떠나려는 사람, 혹은 여행에서 돌아온 사람처럼 평온한 생활의 행복을 비롯한 일상의 모든 구속을 거부하는 분위기가 풍겼다. 그도 남편도 만년에 접어든 무렵, 서점 친구들이 남미 군사정권에 저항하는 운동가들을 도운 적이 있었다. 비토리니는 이 그룹의 지도자격이었기에 시종 서점을 드나들었다. 내가 서점 입구 쪽에 있는데 바람처럼 문을 밀고 들어오던 날, 아마 그를 마지막으로 보았을 것이다. 마치 파르티잔 놀이를 하는 소년처럼 비밀스러운 기색이었다. 갸름한 얼굴에 짧게 친 머리, 이목구비가 또렷하고(신문이나 잡지에서 자주 보던 사진 그대로) 키가 큰 비토리니가 몸을 접다시피 숙이며 힘있게 가게문을 열고 들어와 안쪽 골방으로 사라졌다. 그 진지함이 너무나 순수해 보여서, 문득 위협을 느끼면 모래에 머리를 감추는 타조가 떠올랐을 정도다. 저래서야 1킬로미터 밖에서도 뭔가 숨기는 티가 날 거라며 남편은 재미있어했다.

또하나 비토리니와 관련하여 생각나는 것은, 주세페 토마시 디 람페두사의 『표범』과 그에 대해 항간에 떠돌던 일화다. 『표범』은 나중에 루키노 비스콘티가 영화화해서 명성을 얻은 소설이다. 주세페 토마시 디 람페두사라는 긴 이름의, 작가로서는 완전히 무명이던 시칠리아 귀족이 남긴 미완성 작품을 작가 조르조 바사니가 유족의 부탁으로 손봤다는데, 이탈리아 통일전쟁 시대 시칠리아 귀족의 몰락과 상인계급의 대두를 그린 방대한 역사소설이다. 많은 사람들이 이미 죽었다고 여긴 19세기풍의 세심한 서사 기법과 자연주의적 묘사로 사라져가는 아름다움을 능란하게 엮어낸 이 소설은 1958년 어느 날 서점에 놓이자마자 대다수 편집자들의 예상을 깨고 날개 돋친 듯 팔려나갔다. 그것은 소설의 죽음을 연호하던 비평가들을 놀라게 하고, 누보로망의 정착을 마지못해 각오하던 출판계를 뒤흔든 대사건이었다. 이 작품이 초고 형태로 편집자들 사이를 돌아다닐 때 단호히 출판을 거절한 사람 중 하나가 당시 몬다도리 출판사의 편집부장 비토리니였다. 요즘 세상에 이런 게 팔리겠느냐고 맹렬히 반대했다는 것이다. 결국은 펠트리넬리 출판사가 이 황금 물고기를 낚았는데, 이 일이 편집자 비토리니의 권위에 큰 흠집을 냈다고 사람들이 수군대는 소리가 들렸다. 나라면 어땠을까. 첫머리부터 새로운 시도를 거부하는 공들인 묘사가 인상적이기는 하지만 궁극적으로는 전통의 틀에서 한 발짝도 벗어나지 않는 『표범』을 읽으면서, 나는 편집자라는 일이 얼마나 무시무시한지를 생각했다. 비토리니가 신진 육성을 위해 자기보다 두 세대는 젊은 전위적인 작가 이탈로 칼비노와 함께 문예지 『일 메나보 디 레테라투라』를 창간한 것이 『표범』이 성공(그에게는 참담한 실패였던)한 다음해였는데, 남편은 그뒤로 비토리니가 소설을 쓰지 않게 된 것을 안타까워했다. 1960년대 세계를 뒤흔든 문화혁명과 학생운동이 전쟁중 저항운동에 참가했던 세대들에게 지나간 영광의 시간에 대한 향수를 불러일으키며 '꿈이여 다시 한번' 식의 안이한 자세를 낳고 있는 현실에 남편은 비판적이었다. 저항운동은 그들의 말처럼 아름답지 않았다, 사실은 비참한 내전, 잔혹한 살육에 지나지 않았다고 그는 말했다. 그래도 비토리니는 정치운동에 심취했고, 그러던 중 불치병이 걸려 2월 어느 날 부고가 날아들었다. 비토리니의 장례식 날에는 차디찬 비가 내렸다. 장례식을 싫어하던 남편은 물론 참석하지 않았다. 학생운동 지도자였던 어느 유명 건축가의 젊은 부인이 새하얀 코트에 새하얀 부츠를 신고 왔더라며 친구 파올로 데베네데티가 짜증난 말투로 알려주었다. 튀는 행동이 묘하게 영웅시되던 시대기도 했다.

1959년 노벨문학상을 수상한 시인 살바토레 콰시모도의 아버지도 비토리니의 아버지처럼 철도원이자 역장이었다. 콰시모도는 1930년대, 문학사에서 에르 메티스모(순수시)로 불리며 프랑스 상징파의 이탈리아판으로 통하게 되는 현대시학을 주창했다. 같은 철도원 집안 출신이지만 남편은 이 시인을 전혀 인정하지 않았다. 그의 매끄러운 문체에 매료된 나에게 남편은 허구와 허위를 혼동해서는 안 된다고 말했다. 비토리니의 첫번째 아내는 콰시모도의 여동생이었다.

로사 콰시모도 비토리니는 아직 살아 있다. 여든다섯 살. 메시나에서 혼자 살고 있다. 살바토레 콰시모도는 그녀의 오빠다. 엘리오 비토리니는 그녀의 남편이었다. 비토리니의 아버지는 역장, 콰시모도 남매의 아버지도 역장이었다. 엘리오와 로사는 시라쿠사에서 알게 되었다. 집이 가까웠기 때문이다. 두 사람은 열여덟에 사랑하여 결혼하였고 두 아이를 두었지만 곧 파경을 맞았다.

이것은 최근 이탈리아 일간지 서평란에 실린, 비토리니의 첫 번째 아내 로사를 인터뷰한 기사 서두 부분이다. 여기서 그녀는 비토리니가 영어를 거의 할 줄 몰랐다는 상당히 충격적인 사실을 폭로한다. 왜냐하면 비토리니가 번역한 존 스타인벡의 『토르티야 대지』는 리듬을 잘 살린 명번역으로 많은 독자의 사랑을 받았고, 무엇보다 1942년 그는 체사레 파베세와 함께 포, 포크너, 콜드웰, 스타인벡 등의 단편소설을 실은 『아메리카나』라는 앤솔러지를 봄피아니 출판사에서 출간하며 당시 프랑스, 기껏해야 유럽의 작품밖에 보지 않던 이탈리아 문학청년들에게 엄청난 자극을 준 바 있기 때문이다. 이 책은 최근에 재출간되었는데, 내가 봄피아니 출판사의 의뢰로 『일본현대문학선』을 편찬할 때도 편집자 세르조 모란도는 이 책이 비토리니의 『아메리카나』와 같은 선집에 들어간다는 이야기를 거듭하며 용기를 주었고, 남편도 이는 커다란 영예이고 나와 일본문학에 잘된 일이라고 기뻐했더랬다.

아무리 이혼한 사이라지만 지금도 비토리니라는 성을 쓰는 로사 콰시모도가, 친구들 사이에서는 공공연한 사실일지언정 대부분의 독자에게는 비밀이나 다름없는 얘기를 이제 와서 일개 신문기자에게 떠벌리다니 어쩐지 괘씸했다. 그리고 엉뚱한 화풀이겠지만, 살바토레 콰시모도의 시가 무척 매력 있고 보기에는 아름다우나 구조가 빈약해 정서적인 면에 그치는 작품이 많다는 점까지 떠올라 우울해졌다(하마터면 그냥 넘어갈 뻔했던 상대는, 처음부터 마음에 들지 않았던 상대보다 더 거슬리는 법이다).

또 한 사람, 우리의 친구 카밀로 데피아츠의 아버지도 철도원이었다. 카밀로는 번역을 하거나 가끔 평론과 서문 등을 쓰는 프리랜서 지식인이었는데, 주변의 인정을 받아 여러 출판사에서 편집위원 같은 일도 했다. 결혼하지 않고 밀라노 북쪽 스위스 국경과 가까운 발텔리나 지방의 티라노라는 산골 마을에서 어머니와 함께 살았으며, 일이 있어서 밀라노에 올 때는(우리는 '밀라노로 내려온다'라고 표현했다) 친구 집에 머물곤 했다. 일정한 직업을 갖기 싫어했고 그렇다고 책을 쓰는 것도 아니어서 친구들은 늘 그 점을 넌지시 비난했다. 머리도 좋은 녀석이 언제쯤이면 '제대로 된' 직장을 얻을까. 하지만 객관적이고 공정한 조언이 필요할 때면 그들도 카밀로에게 물어보면 어떨까란 생각부터 했다. 약간 사시라는 점을 빼면 키도 크고 두상이 그리스 조각처럼 반듯한, 핸섬하다는 말이 딱 어울리는 남자였다. 나는 그가 밀라노에 올 때 늘 신고 다니던 묵직한 등산화를 동경했다. 산악지대 사람답게 그는 어지간히 마음을 연 상대가 아니면 거의 말을 섞지 않았다.

같은 철도원의 아들이라 해도 카밀로의 경우는 비토리니나 남편처럼 그런 배경이 생활의 지면에 스며든 느낌이 없었다. 티라노에는 빨간색 차체의 베르니나 산악철도가 다니고 노선은 국경을 넘어 스위스로 이어졌다. 회사 경영도 스위스와 이탈리아가 나눠 맡는, 이탈리아에서 보기 드문 사설철도였다. 그래서 노동운동의 오랜 전통을 짊어진 국철과 같은 그늘이 없었는지도 모른다. 게다가 급료가 스위스 수준이었으므로 국철보다 훨씬 나았을 것이다.

우리는 그 산골 마을에서 몇 번 여름휴가를 보냈다. 그래봐야 사오 일 정도였지만 카밀로가 자기 집 근처에 저렴한 숙소를 잡아준 덕에 친구 별장 등에 초대받아 머무는 것보다 훨씬 자유롭고 마음이 편했다. 낮에는 카밀로가 마을 이곳저곳을 안내해주었다. 마을과 멀지 않은 곳에서 건널목처럼 차단기가 오르내리는 국경 풍경도 그때 처음 보았다. 티라노 주민은 하루에 정해진 양의 커피나 설탕을 사러 스위스에 갈 수 있었다. 스위스가 더 쌌기 때문이다.

카밀로는 그 산골 마을을 사랑했다. 내가 처음 갔을 때는 초여름이어서 뻐꾸기가 울고 있었다. 온 마을에 막 베어낸 건초 냄새가 진동했다. 먼 옛날 페루자의 거리 가득 감돌던 보리수 꽃향기에 비하면 훨씬 건강하고 밝은 냄새였다. 벌써 두번째 베는 풀이라고 카밀로가 친절하게 설명해주었다. 키 크고 무성한 여름풀 한가운데로 베르니나 철도 노선이 지나고, 불타는 듯한 빨간색 선동차가 스위스를 향해 덜컹덜컹 언덕을 올라갔다. 마을을 찾을 때마다 나는 처녀 시절 몇 번 여름을 보낸 나가노 현의 피서지, 투명한 금빛으로 빛나던 그곳의 공기를 떠올리곤 했다.

카밀로의 집은 마을 중앙의 교회에서 언덕길을 조금 내려온 곳에 있었다. 화창한 날에는 미망인의 검은색 옷차림인 어머니가 현관 앞 풀밭 작은 나무의자에 앉아 책을 읽었다. 그녀도 내 시어머니와 마찬가지로 초등교육만 받았지만 독서가 삼시 세끼보다 우선인 성격이어서 아들 서재에 있는 책을 닥치는 대로 가져다 읽었다. 평지 출신에 줄거리를 즐기는 시어머니에 비해 산 사람인 카밀로의 어머니(그녀도 자그마한 발에 어울리지 않는 커다란 등산화를 신고 있었다)는 뭐든 가리지 않았다. 어느 날 그 집을 찾아가니 풀밭 나무의자에 앉아 뭔가 열심히 읽고 있는 그녀의 주변 여기저기에 하얀 종이가 흩어져 있었다. 카밀로가 한 출판사에서 비평을 청탁받은 미출간 소설의 교정쇄였다. 어머니가 읽기도 전에 종이가 바람에 흩어져 순서가 뒤섞여버린 것이다. 엄마, 이러면 줄거리를 알 수 없잖아요, 라고 카밀로가 말하자 그녀는 아니야, 순서 같은 건 몰라도 상관없어, 하고 합죽한 입가에 부끄러운 듯 미소를 띠고는 흩어진 종이를 한 장 한 장 주워모아 계속 읽었다. 우리는 그것을 카밀로 어머니의 누보로망적 독서라 이름 붙이고는 밀라노로 돌아와서도 한동안 떠올리며 웃었다.

오래전 피에트로 제르미가 감독과 주연을 맡은 영화 〈철도원〉에 대해 쇼노 준조가 짧은 글을 쓴 적이 있다. 1956년 작품이지만 나는 그 영화를 본 적이 없었다. 이탈리아에 정착한 해가 1958년이니 이미 일본에서 봤을 법도 한데, 그 시절에는 외화가 일본에서 개봉하기까지 아마 상당한 시간이 걸렸을 것이다. 특히 이탈리아로 가기 전 이삼년은 영화관에 갈 여유도 없이 살았으니 놓쳤는지도 모른다. 그래도 그토록 영화를 좋아하던 남편과 이 영화 이야기를 한 적이 없다니 의외였다. 훨씬 전에 나온 비토리오 데시카 감독의 〈밀라노의 기적〉은 도쿄에서도 봤고 그후 유학생활을 한 파리에서도 본 좋아하는 영화인데, 이 영화의 무대가 시댁 옆을 달리는 기찻길 건너편이라는 이야기를 들은 적이 있다. 폭격을 당했는지 아니면 그저 변두리인 탓인지 전후 몇 년간 거기에는 온통 가건물뿐이었다고 한다. 내가 밀라노에서 처음 세든 아파트도 그 지역에 있었는데, 남편에게 들으니 당시 집주인은 폐품 수거로 번 돈으로 땅을 사들여 지금 같은 부자가 되었단다. 그런 이야기를 몇 번 했는데도 〈철도원〉이라는 영화는 화제에 오르지 않았다. 쇼노 준조의 글은 인간 냄새가 나는 좋은 영화라는 대목밖에 기억나지 않지만, 언젠가 꼭 보고 싶다고 줄곧 생각해왔다.

최근 들어 드디어 그 영화를 볼 기회가 생겼다. 제목 그대로 한 철도원의 이야기가 초등학생 막내의 눈을 통해 펼쳐지는 작품이었다. 이탈리아 영화답게 아주 센티멘털하고 고풍스러운 분위기에 확실히 '마음이 따뜻해지는' 작품이었다. 주인공은 로마와 밀라노를 잇는 급행열차의 기관사인데, 어느 날 자살하려고 선로를 가로막고 선 사람을 치고 만다. 그 충격으로 적신호를 무시하는 바람에 한마디 변명도 못하고 지방 철도청 화물열차 기관사로 쫓겨난다. 이를 기점으로 생활이 삐거덕거리기 시작하고, 딸의 이혼, 아들의 가출에 이어 파업 지시를 무시하고 운전을 떠맡은 탓에 동료들마저 등을 돌리며 고립되고 만다. 실의 끝에 몸져누웠는데 크리스마스 날 예전 동료들이 선물을 들고 찾아오자 그는 기쁨에 젖는다. 변한 것은 없다. 다들 예전 그대로였다. 이 철도원은 결국 행복을 되찾는다. 그날 밤늦게 부엌에서 뒷정리를 하는 아내에게 당신을 위해, 라고 말하고, 기타 소리가 문득 끊긴다.

영화를 보고 나는 남편이 죽고 이십 년이 넘도록 왜 이 영화를 보지 않았을까 의아할 지경이었다. 영화 속 대사들은 하나같이 그 기찻길 옆 집에 살면서 배우고 들은, 내 이탈리아어의 원점에 있는 것들이었다. 쇼노 준조의 글을 읽은 무렵에(남편이 죽은 지 오 년도 지나지 않았을 때, 익숙한 밀라노를 떠나 일본으로 돌아온 무렵일 것이다) 이 영화를 봤다면 아마 나는 온몸이 녹아내려 다시는 일어설 수 없을 만큼 충격을 받았으리라. 영화 초반부에 술 취한 주인공이 밤중에 귀가하는 장면이 나온다. 열쇠로 문을 열고 집안으로 들어가자 가족들이 다들 나갔는지 사방이 캄캄하다. 그 순간 내 안의 누군가가 아, 스위치는 왼쪽에 있는데, 하고 말하며 결정적인 타격을 안겼다. 철도관사는 어느 곳이나 방 배치가 비슷했고 영화에 나오는 아파트도 밀라노-로마 본선의 선로변에 있는 시댁과 판박이였다. 남편이 그 영화 이야기를 하지 않은 이유를 그제야 알 것 같았다. 시아버지는 일을 마치고 집으로 돌아와 잠깐 누워 있겠다 하고는 그길로 세상을 떠났다. 그로부터 불과 이삼년 후 나온 이 영화를. 남편은 필시 볼 수 없었으리라.

무대 위의 베네치아

몇 년 전 여름휴가 때 토마스 만의 『베네치아에서의 죽음』을 이탈리아어로 읽었다. 젊은 시절 때 이와나미 문고판으로 읽은 기억이 있는 이 작품을 다시 한번 집어든 것은 아름다운 장정 때문이었다. 갈색에 가까운 어두운 보라색 상자에 든 심플하고도 고급스러운 장정이 인상적인데, 타자기와 컴퓨터로 잘 알려진 올리베티사가 크리스마스에 자사 직원과 단골 고객에게 증정한 이탈리아어판이다. 이탈리아의 올리베티사에서는 매년 홍보부에서 까다로운 기준으로 엄선한 작가에게 삽화를 의뢰해 아름다운 단행본을 제작한다. 이탈리아 작품도 있고 외국문학도 있는데, 거의 기존 텍스트를 사용하지만 종이 종류에서 레이아웃까지 디자인에 엄청나게 공을 들인다. 나도 운좋게 몇 권 구해 소중히 간직하고 있다. 예를 들어 1972년 작품은 그 유명한 『피노키오의 모험』이고 삽화는 롤랑 토포르, 1976년 작품은 헨리 소로의 『숲속의 생활』(이것은 이탈리아 번역판이 아니라 영어판이다)에 삽화는 폴 데이비스다. 어느 책이나 엄청나게 크고 무거워서 서가에서 많은 자리를 차지하지만 잘 꺼내들지는 않는다. 그해 여름 읽은 『베네치아에서의 죽음』은 1980년에 만들어진 것으로, 토마스 만 번역으로 정평이 난 아니타 로의 에이나우디 출판사 신서판 시리즈 번역을 그대로 실었다. 여타 올리베티사의 책과 다른 부분은 B5 정도 되는 자그마한 크기라는 점이다. 삽화는 로사리오 모라, 이름으로 보아 남부 출신인 듯한데 다른 정보는 없다. 미세한 점 같은 터치로 윤곽선을 만들어가는 흑백 에칭식 화법으로 줄거리와 직접 관련은 없는 베네치아의 바다나 교회, 운하, 심지어 뮌헨 풍경처럼 보이는 길모퉁이 등이 그려져 있다. 그림을 두고 수다와 과묵을 논할 수 있다면 이 사람의 그림은, 흑백인 탓도 있겠지만, 무척 섬세하고 과묵하다. 그리고 사람들에게 잘 알려지지 않은 베네치아의 어떤 분위기를 전해준다.

『베네치아에서의 죽음』을 처음 읽은 젊은 시절에는 그저 뇌의 근육(이런 것이 있다면 말이지만)을 써서 내용을 이해하기 급급했기에, 이 책 역시 누구나 알 만한 줄거리밖에 머리에 남지 않았다. 게다가 비스콘티의 영화가 높은 평가를 받으며 여러 사람들에게 회자되면서 나 역시 어느새 이 작품을 잘 안다고 착각하고 있었다.

원래 토마스 만의 작품은 『베네치아에서의 죽음』과 『토니오 크뢰거』 정도만 읽고 계속 손대기를 미뤄왔는데, 얼마 전 여름휴가 때 아니타 로가 번역한 『부덴브로크가의 사람들』을 읽고 이 독일 작가의 위대함에 눈뜨게 되었다. 독일 북부 뤼베크에 사는 거상 가족의 이야기가 아마도 토마스 만 특유의 (즉 내가 읽을 수 없는 원문의) 단단하고 중층적인 문체를 살린 근사한 이탈리아어로 펼쳐졌다. 중세 대성당을 직접 보는 듯 그때까지 상상도 못해본 작풍에 매료된 나는 아, 글쓰기란 이런 것이구나 하고 감동했다. 그러한 특질, 특히 원문의 문체를 독자에게 여실히 전해주는 아니타 로의 번역도 충격이었다.

여기에 자극받아 읽은 올리베티사 판 『베네치아에서의 죽음』은 아름다운 장정만큼이나 깊은 만족감을 주었다. 책을 다시 읽기 전까지는 보지 않으려고 참아왔던 비스콘티의 영화도 마음 놓고 볼 수 있을 정도였다. 그와 동시에 내 안에서 눈에 들어간 티끌처럼 종잡을 수 없던 베네치아의 이미지가 어렴풋이나마 형태를 갖추기 시작했다.

처음 베네치아에 갔을 때가 왜 잘 기억나지 않을까. 참으로 기묘하다고밖에 할 수 없는 허구의 활기와 몰락의 우울이 모순처럼 공존하는 이 섬은 살아생전 남편이 언젠가 꼭 데려가겠다고 약속한 곳 중 하나였다. 그러나 그는 다른 많은 약속과 마찬가지로 이 약속도 지키지 못한 채 세상을 떠나고 말았다. 내가 처음 베네치아에 간 날은 그를 잃고 얼마 되지 않은 무렵이었다. 사고가 마비되고 진공상태에서 억지로 숨쉬기를 강요받는 듯하던 나날, 알게 된 지 얼마 안 된 친구의 권유에 아무런 마음의 준비도 없이 따라나선 것이다. 친구는 베네치아 토박이로, 중앙아프리카 차드에서 자원봉사를 하고 얼마 전에 돌아와 밀라노의 병원에서 간호사로 일하던 루칠라라는 젊은 아가씨였다.

머리와 눈이 젖은 듯이 검고 피부는 도자기처럼 희고 뺨은 붉고 몸집은 아담(베네치아에서는 그렇게 균형 잡힌 아담한 체구가 흔한 편이라는 걸 나중에 알았다)했다. 밀라노에서 두 시간쯤 전철을 타고 가며 그녀가 알프스의 용담으로 리큐어를 만든다는 이야기를 해준 기억은 나는데 어디서 묵었는지, 아니면 당일치기로 돌아왔는지 도통 떠오르지 않는다. 루칠라는 부모를 일찍 여의고 베네치아에서 잡화점을 하던 백모 밑에서 자랐다. 그녀가 백모를 만나러 간 동안 나는 왜 그 자리에 나를 데려가지 않았는지 떨떠름한 기분으로 어슴푸레한 성당 안 벽화를 보며 기다렸다. 루칠라는 한쪽 발이 불편한데도, 아니면 그 때문인지 늘 따라잡기 버거울 정도로 빨리 걸었다.

믿기 힘든 얘기지만, 첫 베네치아 방문에서 내 기억에 남은 것은 베네치아파의 회화도 성당도 아니고 바닷빛도 아니었다. 아직 쌀쌀한 이른봄의 햇살, 조금만 걸어도 금세 가로막혔다가 다시 옆으로 이어지는 운하가의 돌길, 검은색 망토에 검은색 부츠를 신은 루칠라를 따라잡으려 내내 종종걸음치던 장면, 그런 것들이 따지자면 그날의 추억이었다. 바포레토라는 수상버스도 타보긴 했지만, 루칠라는 베네치아 사람들은 뒷길을 잘 알아서 배를 거의 타지 않는다며 차례차례 다리를 건너 터널처럼 어둡고 좁은 길을 빠져나갔다. 초행길인 나는 마치 꿈속의 미로를 걷는 기분이었다.

또하나 인상에 남은 것은 베네치아 사람들의 억양이었다. 루치아가 종종 멈춰 서서 미술관 개관 시간이나 물건 값을 물어볼 때마다 그녀의 맑고 높은 목소리가 돌바닥에 메아리치고 운하의 물에 튕겼다. 높낮이가 심하고 표준어에 비해 어딘가 불안할 정도로 경쾌한 이 도시의 말을 구사하며 여기저기 아주머니들이 즐거운 듯 이야기를 나누고 있었다. 그 소리에 나는 남편이 죽기 전해부터 매일 아침저녁으로 일정한 시간에 밀라노의 집 안뜰로 모여들던 참새의 지저귐을 떠올릴 정도였다. 새들은 으레 나무 한 그루에 모였다. 광나무라고 했던가, 연기로 거무스름해진

잎을 드문드문 달고 제멋대로 멀쑥하게 자라기만 한 멋없는 나무였다. 왜 이 나무에만 모이는지 신기했지만, 여하튼 햇볕이 잘 들지 않아 음침하던 안뜰도 그 시간만은 순식간에 생명력이 흘러넘쳤다. 작고 상쾌한 소음 같은 베네치아 말이 문득 그 기억을 떠올릴 만큼 듣기 좋다는 사실에 나는 놀랐다. 그날 밤, 루칠라는 이렇게 말했다. 거리를 걷다보면 모퉁이를 돌기도 전부터 사람들 발소리나 말소리 같은 게 들려와. 그게 베네치아의 가장 멋진 부분인지도 몰라.

그러나 이 첫번째 방문으로 내가 베네치아를 이해했다면 거짓말이다. 비슷한 경험이 아주 없진 않으나, 특히 베네치아에서는 물위에 뜬 둥지 같은 도시의 매력에 곧바로 반응하지 못했다. 이 작은 섬이자 도시는 판단 기준이 그간 방문한 도시들과 크게 달라서 뭐가 어떻게 아름다운지 설명할 수 있게 되기까지 솔직히 꽤 오랜 시간이 걸렸다. 그렇다고 베네치아가 폐쇄적인 도시라는 뜻은 아니다. 오히려 찾아갈 때마다 전에는 느끼지 못했던 새로운 매력을 발하며, 지금껏 알고 있던 것이 일부에 불과하다는 것을 가르쳐주었다. 그런 매력은 어느 날 예고도 없이 불쑥 나타나 방문자를 놀라게 한다. 수면에 반짝이는 석양빛이 끊임없이 물결에 부서지듯, 늘 한정된 시간 속에 나타나 느닷없이 보는 이를 덮치지만 같은 경험은 두 번 다시 반복되지 않는다. 베네치아는 그런 아름다움을 조금씩 드러냈다.

이듬해 여름, 두번째로 베네치아를 경험할 기회가 왔다. 밀라노에서 일하는 독일인 친구 한지 케슬러가 리도의 알베로니라는 작은 마을의 펜션에 보름 정도 머물다 오자고 권한 것이다. 뮌헨에 사는 그녀의 딸 카티아와 손자 둘도 함께할 예정이었다. 리도는 원래 해변을 뜻하는 보통명사인데, 하마나코*나 아마노하시다테**처럼 모래톱이 바다를 향해 길게 뻗어 있어 마치 먼바다로부터 베네치아 섬을 포근히 감싸는 듯 보인다. 아직 이탈리아를 잘 모를 때 애독한 『이탈리아 기행』에서 괴테(또는 번역자)는 이곳을 '가늘고 긴 지협地峽'이라 표현하면서, 모래로 이루어진 이 지역이 소실되면 베네치아의 존재도 위태로워질 것이라 우려하며 베네치아의 안전을 위해 이곳을 보전해야 한다고 주장했다. 오늘날 리도는 여느 곳처럼 식목이 우거져 더이상 모래톱으로 보이지 않는다. 호화로운 호텔과 별장이 늘어서 있고 여름에는 해수욕장에 제법 많은 인파가 몰린다. 영화제가 열리는 곳도 이곳 리도 '섬'이다. 그러나 우리가 머문 알베로니는 화려한 이미

* 일본 시즈오카 현 서쪽, 남부가 바다로 이어져 있는 호수.

** 교토의 미야즈 만과 내해인 아소카이를 남북으로 가르는 모래톱. 일본 삼대 절경 중 하나로 꼽힌다.

지의 리도 중심지 선착장에서 저멀리 베네치아가 보이는 해안도로를 버스로 삼십 분쯤 달려가야 나오는 한촌이었다. 펜션은 소나무 숲속에 있었는데 주변 땅이 모래투성이라 경치가 영 희읍스름했다. 오늘날처럼 관광산업이 활발해지기 전에는 주민도 거의 없었을 것이다. 사실 수입이 뻔한 내가 다소 사치일 수 있는 바캉스 여행을 결심한 것도, 한지가 권해준 펜션의 숙박비가 유별나게 쌌기 때문이다.

아무리 한지네 일행과 함께라지만 알베로니의 펜션에서 보내는 시간은 못 견디게 지루했다. 이삼일 지나자 나는 더이상 무료함을 참지 못하고 매일 아침 버스와 연락선을 갈아타며 베네치아로 나갔다. 관광안내서를 따라 미술관과 성당을 방문하고, 산마르코 광장의 비둘기에 압도되기도 하고, 메르체리에라는 좁디좁은 중심가 양쪽을 장식한 눈부신 쇼윈도에 시선을 빼앗기기도 했다. 때로는 리알토 다리 난간에서 몸을 내밀어 쉴새없이 오가는 곤돌라와 수상버스를 내려다보았다. 그래도 무언가 부족한 기분이 내 안에 계속 남았다. 아직 베네치아의 진짜 얼굴을 보지 못했다는 생각이 머릿속을 떠나지 않았다.

이른봄 루칠라와 함께 왔을 때와 달리 겉핥기에만 몰두하는 관광객이 돼버린 것 같았다. 그때는 루칠라의 조급한 발걸음과 길모퉁이에서 들리는 잔물결 같은 말소리가 베네치아 전체를 뒤덮어버려 문득 작은 새들이 사는 섬으로 따라들어온 듯 모든 것이 꿈결 같았다. 밀라노로 돌아와서도 내가 정말 베네치아에 다녀왔나 싶을 만큼 혼란스러운 느낌이었지만, 그때의 베네치아는 작은 소리로나마 분명 뭔가를 말하고 있었다. 그런데 지금 마치 성실한 직장인처럼 매일 아침 페리를 타고 다녀오는 베네치아는 너무나도 무뚝뚝했고, 지나치게 건강하고 밝은 여름 태양이 구석구석 불필요한 부분까지 환히 비추고 있었다. 마법에 걸린 듯한 기억 속 베네치아를 다시 한번 경험하고 싶어서 나는 결국 어느 날 밤 리도 섬으로 돌아가지 않고 베네치아 본섬에 숙소를 잡았다.

관광객을 상대로 하는 레스토랑에서 맛없는 식사를 하고 산타루치아 역 관광안내소에서 가까스로 찾아준 삼류 호텔의 좁은 방으로 돌아가자 더는 할 일이 없었다. 혼자 밤거리를 걸을 용기는 없고 가져온 책도 읽기가 지겨워서 별거 없구나 하고 반쯤 낙담하며 일찌감치 불을 껐다. 아니나 다를까 곧바로 잠들지 못하고 어둠 속에 누워 있으려니 건물 안의 온갖 소음이 귀에 거슬렸다. 수도 소리, 문 닫는 소리, 복도의 사람 목소리. 큰맘 먹고 본섬에 숙소를 잡았는데 소음으로 잠을 못 자다니 내심 짜증이 일었다. 하지만 그런 것도 점차 가라앉고 어느새 나는 잠이 들었다. 얼마나 잤을까. 문득 무슨 소리가 들려 눈을 떴다. 어둠 속에서 귀를 기울이니 잠들기 전의 소음과 달리 도무지 뭔지 모를 소리가 들렸다. 그러나 가만히 귀기울이는 사이 창밖에서 들려오는 물소리란 걸 알았다. 운하의 물이 벽에 부딪는 것이다. 거기까지는 좋았는데 그 물소리에 또하나, 내가 도저히 정체를 짐작할 수 없는 마찰음이 잇따랐다. 대체 뭘까 이리저리 생각해봤지만 알 수 없었다. 결국 일어나 어디서 나는 소리인지 확인하려고 창을 열었다. 그 방은 작은 운하의 종점 같은 곳을 마주보고 있었는데 처음 들어왔을 때는 전망이랄 게 없는 바깥 풍경에 실망해 곧바로 창을 닫아버렸었다. 지금 다시 열어보니 생각했던 대로 운하의 물이 물가의 돌벽에 철벅철벅 부딪고 있었다. 그 옆 어두운 가로등 불빛 아래 작은 배 한 척이 매여 있었다. 예의 마찰음은 뱃머리가 물결을 따라 위아래로 오르내리며 물가의 돌에 스치는 소리임을 알아차렸다. 그것은 스탕달이나 아셴바흐가 그린 극적인 베네치아와 거리가 멀고, 땀과 소란으로 가득한 낮의 베네치아와도 닮은 구석이 없는, 은밀하고 정겨운 소리였다. 몇 시까지 이어졌을까. 나는 그 소리를 들으면서 왠지 모를 안도감에 다시 잠이 들었다.

그 여름 이후 몇 번인지 기억나지 않을 만큼 자주 베네치아를 방문했다. 일하면서 그곳에 사는 사람과도 친분이 생겼다. 그중 리도 섬에서 자란 라파엘라라는 친구가 어느 날 자기 가족 이야기를 해주었다. 일찍 돌아가신 그녀의 아버지는 대를 이어 리도 섬에서 작은 호텔을 경영해왔다. 규모는 작지만 격식 있는 호텔로, 1930년대 리도가 해수욕장으로 유명해지면서 전 세계의 훌륭한 손님들을 맞았다. 이른 아침부터 밤늦게까지 종업원들을 통솔하며 일하는 모습을 눈을 번뜩이며 감시하는 할아버지를 다들 두려워했다. 아흔 살에 돌아가실 때까지, 식당으로 내려올 때는 아무리 가족끼리 식사하는 자리일지라도 반드시 옷을 갈아입었다고 한다. 지팡이를 방에 놓고 오는 일은 있어도 가슴에 장식하는 꽃 한 송이는 잊는 법이 없었다. 스위스가 고향인 할머니는 체격이 컸다(라파엘라는 자신의 부지런한 성격과 체격 모두 할머니를 닮았다고 했다). 할아버지가 젊은 시절 스위스의 호텔에서 일을 배우던 무렵 첫눈에 반해 베네치아로 데려와 결혼했는데 그뒤로도 할머니는 평생 베네치아 말을 할 줄 몰랐다. 할아버지가 종업원에게 사투리로 뭐라고 하면 할머니는 질투하며 화를 냈다.

당신은 베네치아 말을 할 줄 알지요? 나는 어리석은 질문을 했다. 당연하죠, 그녀는 자랑스레 대답했다. 어릴 때는 호텔 조리실로 자주 놀러갔어요. 요리사들이 예뻐해줬거든요. 그곳에 가면 마치 골도니의 연극 대사 같은 대화를 매일같이 들을 수 있었죠.

카를로 골도니는 18세기 베네치아가 낳은 이탈리아 최고의 희극작가다. 처음에는 배우였지만 곧 창작을 시작했다. 당시 점점 쇠퇴해가던, 배우의 애드리브에 많은 것을 맡기는 코메디아 델라르테의 전통을 살리면서 새로 성격극 요소를 가미한 그의 작풍은 지금도 높이 평가된다. 베네치아 서민의 웃음의 정수를 집약한 듯한 그의 작품들은 오늘날에도 밀라노 피콜로 극장의 주요 레퍼토리다. 몇몇은 이탈리아 표준어로 쓰이기도 했지만 특히 초기에는 사투리 작품이 많다. 프랑코 파렌티라는 배우가 분한 골도니의 아를레키노*를 몇 번 볼 기회가 있었는데, 무대 구석구석을 곡예사처럼 가뿐히 뛰어다니는 몸놀림과, 입에서 술술 튀어나오는, 말꼬리가 가볍게 올라가는 베네치아 사투리 대사에 넋이 나갔더랬다.

골도니라는 이름에서 베네치아와 관계된 것을 또하나 떠올릴 수 있다. 16세기 문인이자 건축가였던 알비세 코르나로가 베네치아 시민을 위해 고안한 극장에 대한 어느 학자의 논문이다. "그 극장은", 글쓴이 만프레도 타푸리는 말한다. "'베네치아풍'

* '코메디아 델라르테'의 등장인물. 영국에서 '할리퀸'이라 부르는 어릿광대 역의 원형이다.

의 환상적인 오브제로 완성된다. …… (그리하여) 바다에 떠오른 이 극장은 그 자체로 연극적인 현상이며, 베네치아 공화국 최대의 '객석' 산마르코 광장에서 '느긋하게' 감상하는 대상이 될 것이다."

라파엘라 집안 호텔의 조리실에서 베네치아의 연극과 극장으로 이야기가 새고 말았지만 뜬금없는 비약은 아니다. 세월이 갈수록 나는 베네치아라는 섬이자 도시가 그전까지 방문한 유럽의 어떤 도시와도 기본 성질이 다르다고 여기게 되었다. 그 원인 가운데 하나라고 확신하는 것이 이 도시 자체에 깃든 연극성이다. 베네치아라는 섬 전체가 꾸준히 성행중인 하나의 거대한 연극 공간인 셈이다. 16세기 사람인 코르나로가 베네치아에 대극장을 짓기를 꿈꾸었다면, 근대에 들어 외적 성장을 멈춘 베네치아는 스스로를 극장화하고 허구화하는 쪽을 택한 것이 아닐까. 산마르코 대성당의 눈부신 모자이크, 석양에 빛나는 석호의 잔물결, 다리 기슭에서 지저귀는 듯한 여자들의 말소리, 리알토 다리 위에서 잠잠한 물을 바라보는 젊은 남녀들. 이들 모두 세계 극장의 무대장치는 아닐까. 베네치아를 찾는 관광객은 종착역 산타루치아에 도착하자마자 이 연극에 동참하게 된다. 자신들이 도시를 구경한다고 생각하지만 사실 베네치아가 그들을 보고 있는지도 모른다. 지난날 내가 베네치아의 진짜 얼굴을 찾으려 든 것은 잘

못이었다. 가면이야말로 이 도시에 어울리는 진짜 얼굴인 것이다.

또하나 내가 베네치아의 허구, 즉 연극성을 느낀 일이 있다. 볼일이 있어 섬을 찾았다가 약속 시간에 맞추려 산타루치아 역 앞에서 수상버스를 탔다. 만날 사람은 산마르코 광장 정류장에서 기다리고 있었다. 수상버스 대합실은 운하에 떠 있어서 사람이 탈 때마다 크게 기우뚱했다. 나는 여기서 산마르코까지 몇 분쯤 걸리는지 매표소 남자에게 물었다. 밀라노라면(물론 도쿄도) 적어도 몇 분쯤 걸린다는 유의 답변을 어렵잖게 받을 수 있을 것이다. 그런데 그는 글쎄요, 별일 없겠지요, 하고 참으로 막연한 소리만 했다. 그 이유는 바포레토에 타자마자 알 수 있었다. 자고로 배란 단단한 도로가 아니라 넘실넘실 움직이는 물위를 나아간다. 당연한 사실인데도 직접 경험해보니 충격이었다. 그 움직임은 직선 몇 미터식의 기준에 전혀 부합하지 않았다. 물결 가는 대로, 라는 말을 떠올리고 나는 기묘한 초조감을 느꼈다. 약속 시간에 도착해야 한다는 내 의지가 아닌 물결이, 물이 시간을 정한다. 그렇게 생각하자 나는 이 같은 막연함에 의존하는 베네치아의 시간이, 마치 무대 위의 시간처럼, 여기서만 통용되는 법칙의 지배를 받고 있다고 느꼈다.

『베네치아에서의 죽음』의 배경을 이 도시로 설정한 토마스 만의 후각은 옳았다. 그 숨막히는 여름이야말로 관광객이 흘러넘치는 베네치아의 무대성을 최대한 강조하기 때문이다. '섬'이기에 이미 완결되어 있는 베네치아는 '무대'가 됨으로써 이중의 완결성을 획득한다. 토마스 만은 배경이 지닌 이런 완결성을 이야기와 주인공의 완결성으로 연결한다.

그러나 환상의 시간은 언젠가 어쩔 수 없이 현실로 회귀한다. 터무니없는 꿈을 현실과 맞바꾸며 살아온 베네치아는 어느새 소리없이 다가온 멸망이라는 운명의 무게를 느끼고 문득 진심 어린 한숨을 토해낸다. 언젠가 호텔방 머리맡에서 들었던 은밀한 물소리도 그런 순간에 나온 베네치아의 혼잣말이었는지 모른다.

한 해가 저물어가던 12월에 모임이 있어 베네치아를 찾은 적이 있다. 관광객이 없는 계절의 베네치아는 처음 보았다. 참석자들은 아침 여덟시 반 행사장에 도착하라고 해서 나는 여덟시쯤 호텔을 나섰다가 신기한 광경에 맞닥뜨렸다. 뼛속까지 시릴 정도로 추운 아침이었고, 얼어붙은 공기 속에 안개가 자욱이 끼어 코앞의 가구점 쇼윈도도 가물거렸다. 하지만 나를 놀라게 한 것은 안개가 아니었다.

호텔과 옆 건물 사이로 한 사람이 간신히 지날 만한 좁은 골목이 있고, 그곳을 통과하면 대운하의 수상버스 선착장이 나올 터였다. 그 골목으로 접어들려는 참에 반대편에서 누군가가 나왔다. 한 사람, 또 한 사람, 출근하는 듯 보이는 남녀들이 호텔 앞 광장을 바쁘게 지나쳐갔다. 내가 놀란 것은 그 무리 속 여자들이 하나같이 입을 다물고 돌바닥에 시선을 떨어뜨린 채 걸음을 재촉한다는 사실이었다. 여름날 귀를 간질이던 높고 떠들썩한 웃음소리는 어디서도 들려오지 않았다. 그리고 옷차림. 대부분 검은색이나 진녹색의 긴 망토를 두르고 무릎까지 오는 부츠를 신고 있었다. 나는 몇 년 전에 본 루칠라의 옷차림을 떠올렸다. 그때 다소 무대의상 같다고 느꼈던 그녀의 옷차림은 베네치아 여자들이 매서운 겨울 추위로부터 몸을 지키려 고안해낸 무장이었던 것이다. 연극의 계절은 지난 지 오래지만 그녀들은 등장인물임을 잊지 않고 등을 곧게 편 채 각자 맡은 무대를 찾아가듯 말없이 종종걸음치고 있었다. 어쩐지 감동적인 광경이었다. 겨울의 베네치아 여자들에게 눈길을 빼앗긴 나는 잠시 그대로 서 있었다.

안토니오의 대성당

문득 눈을 뜨자 눈앞에 대성당의 파사드가 있었다. 아침 안개 속에서 가느다란 우윳빛 대리석 원기둥이 늘어선 주랑 앞에 여러 단 포개어진 아름다운 평면이 거대한 막을 내려뜨린 듯 시야를 가로막는다. 다음 순간 순식간에 모든 것이 안개에 휩싸여버린다. 귓가에 "루카다, 대성당이야" 하는 소리가 들리지 않았다면 전부 희한한 꿈으로 여겨버렸을 만큼 환상적인 광경이었다.

어디서 몇시에 떠났는지, 왜 기차도 아니고 그런 데서 이른 아침 버스를 탔는지 도통 기억나지 않는다. 루카라고 알려준 사람은 함께 여행하던 친구 안토니오였다. 그는 신출내기 기자 시절 출판한 저서들로 어느 정도 이름을 알렸고, 당시에는 문예지와 신문 문화면에 기고하거나 여러 도시의 문화센터 같은 곳에서 강연하며 생계를 꾸리고 있었다. 밀라노에 있는 친구를 통해 알게 된 사이였는데, 자신이 나고 자란 토스카나를 보여주겠다며 타지생활이 익숙지 않은 나를 출장을 겸한 짧은 여행에 몇 번 데려가주었다. 덩치가 크지만 그다지 위압감이 없고 두꺼운 안경알 너머 눈은 늘 다정하게 웃고 있었다. 주위에 밀라노 사람뿐이던 나는 'ㅋ'과 'ㅎ'을 잘 구별하지 않는 그의 피렌체 사투리가 퍽 신기했다.

당시 안토니오는 이미 마흔줄에 접어들었을 것이다. 독신이고, 산만한 덩치가 어딘지 하얀 코끼리처럼 안도감을 주는 덕분에 강연과 서클 모임을 통해 팬이 된 여자가 많았다. 해박한 지식을 자유로이 구사하며 중세에서 현대에 이르는 사회사상의 흐름을 피렌체 사람다운 면밀한 논리와 시원한 변설로 분석해내는 강연은 여자 청중이 눈에 띄게 많기로 유명했다. 나도 15세기 이탈리아의 수도사 사보나롤라에 대한 강연을 들은 적이 있는데, 당대 피렌체에서 대담한 정치개혁을 시도하다 교회의 분노를 사고 열광적인 지지자들에게도 버림받아 시뇨리아 광장에서 이단자로 화형을 당한 비극적 선동가의 민주주의 사상을 저작과 당대의 사상 배경에서 짚어내 인상 깊었다.

안토니오에게는 일찍 돌아가신 부모 역할을 대신하는, 피렌체 교외의 작은 마을 카르디네(안토니오는 하르디네라고 발음했다)

에 사는 누나 내외가 있었다. 터울이 많이 지는 그 부부가 안토니오의 유일한 혈육인 모양이었다. 오래된 성당의 당지기를 하는 한편 얼마 안 되는 농지를 부치는 누나네를 제집처럼 드나들며 식사 자리에 친구를 초대하는 것이 안토니오의 낙이었다. 토마루가 고스란히 남아 있는 농가의 오래된 부엌에서 우리는 어느 레스토랑에서도 맛볼 수 없는 토스카나 요리를 대접받았고, 밀라노에서 안토니오를 만나면 다음에 또 언제 초대할 거냐며 염치없이 너스레를 떨곤 했다. 안토니오의 누나 지나도 덩치가 컸는데 그처럼 부드러운 구석은 없고 드세고 활달한 사람이었다. 자신과 반대로 몸집이 작고 얌전한 남편을 호되게 부려먹는 모습이 퍽 우스꽝스러워서 우리는 대접받은 은혜도 잊고 재미있어하기 바빴다. 단테 시대부터 가장 아름다운 정통 이탈리아어로 여겨진 토스카나 사투리에 재치를 더한 부부의 대화는 때로 보카치오의 쾌활한 이야기를 재현하는 것처럼 즐거웠다. 남편 피오레(꽃이라는 뜻인데 이 지방에서는 그리 드문 이름이 아니라지만 촌스러운 롬바르디아 사람인 우리 귀에는 그마저도 유머러스했다)를 부를 때 지나의 완만한 억양은 마치 노랫소리 같았다. 피오레, 하고 약간 길게 올리는 말꼬리가 슬픈 여운처럼 감돌고, 부부의 소박한 생활과 공명하여 특유의 분위기를 자아냈다. 지금도 지나를 흉내내어 그 이름을 읊조리면 카르디네의 녹음에 묻힌 그 집의 하얀 벽이 떠오른다. 직접 가지를 치고 열매를 따고 즙을 내서 만든 올리브유, 지나가 부엌에서 만든 반죽을 마을 공동 아궁이에서 구워온 거칠고 소금기 없는 빵, 텃밭에서 가지째 따온 향기로운 바실리코와 토마토, 처마에 매달아 말린 마늘. 지저분해지면 지나가 비눗물을 끼얹어 솔로 박박 닦는 바람에 나뭇결이 그대로 드러난 식탁. 다미자나라는, 채롱에 든 지름 1미터짜리 유리병에서 리터들이 병으로 포도주를 수십 통씩 옮겨 담는 지하 저장고의 피오레. 그는 다미자나에 꽂은 호스를 먼저 자기 입으로 빨고 나서 병에 하나씩 집어넣었다. 포도주가 10분의 9쯤 차면 그 위 몇 센티미터를 오일로 채워 외부 공기를 차단한다. 그걸로도 모자라 낡은 신문지를 말아서 마개를 끼운다. 왜 이러는지 알아? 옆에서 쪼그리고 지켜보는 나에게 피오레가 유쾌한 얼굴로 묻는다. 모르겠다는 말에 그는 대답했다. 쥐 때문이야, 이렇게 마개를 끼우지 않으면 쥐가 꼬리를 병에 넣어서 오일을 찍어 먹거든. 나는 반신반의하면서, 눈주름을 만들며 이 빠진 입을 크게 벌리고 웃는 피오레의 가무잡잡한 얼굴을 쳐다본다.

한번은 밀라노와 피렌체의 여자 다섯 명 정도가 (이유는 모르겠지만) 카르디네로 저녁식사 초대를 받은 적이 있었다. 다들 이십대 후반의 직장인이었다. 식사를 마치자 우리는 그 집의 정원 격인 무성한 풀밭에 앉아 두서없이 잡담을 즐겼다. 어쩐 일인지 안토니오는 자리에 없었고, 이야기는 다들 아는 지인에 대한 소문으로 흘러갔다. 내가 아는 사람도 있고 모르는 사람도 있고, 만난 적 없이 이름만 아는 사람도 있었다. 밀라노의 서점에서 일하는 루치아가 이야기를 이끌어갔고, 피렌체 여자들은 주로 듣는 쪽이었다. 이윽고 긴 초여름 해가 완전히 저물어 풀숲 여기저기 반딧불이가 빛나기 시작했다. 어둠에 상대의 얼굴이 가려진 덕인지 이야기 내용은 갈수록 대담해졌다.

문득 누군가가 밀라노 서점의 친구, 가티의 이름을 꺼냈다. "그 가티라는 사람 말이지." 피렌체에서 온 친구였다. "특이한 사람이야?" "당연하지." 피에라의 목소리가 대답했다. "그거 알아? 그 남자 루치아한테 청혼했대." 루치아는 가티의 서점 동료이고, 피에라는 루치아의 친구였다. "정말이야? 그래서 어떻게 했는데, 루치아?" 피렌체의 친구가 흥미진진한 목소리로 물었다. "짜증나. 그앤 자기가 어떤 사람과 결혼할 수 있는지 생각해보지도 않았을 거야. 내가 그런 애랑 결혼할 리 없지." 루치아의 대답이 너무나 메마르고 냉담해 나는 깜짝 놀랐다.

어둠 속 이야기는 그뒤로도 이어졌지만, 나는 그날 밤 한참을 잠들지 못했다. 그날까지 나는 가티와 루치아를 대등한 동료 사이로 보고 있었다. 정말로 가티가 루치아에게 청혼하고 루치아가 거절했다면, 그녀는 왜 잠자코 있어주지 않았을까. 가티는 확실히 괴짜고 허우대도 좋지 않다. 아닌 게 아니라 부담스러운 존재일 수도 있다. 하지만 영리하고 누구에게나 신사적이며 한없이 선량하다. 무엇보다 루치아의 동료가 아닌가. "그런 애"라니, 무슨 말이 그런가.

"어떤 사람과 결혼할 수 있는지", 문득 그 말의 의미를 깨닫고 나는 피가 얼어붙는 느낌이었다. 피렌체든 밀라노든, 그 자리에 모인 이들은 저마다 제법 이름 있는 집안 출신이었다. 그녀의 목소리에서는 돈도 배경도 없는 가티는 도저히 자기 상대가 되지 않는다는 기색이 묻어났다. "짜증나"라는 한마디가 그랬다. 가티 생각에, 그리고 그녀들의 비웃음거리가 된 가티로 대표되는 (안토니오를 포함한) 가난한 친구들 생각에 나는 상처입었고, 그녀들의 의기양양한 태도에 몹시 슬펐다. 그때까지 나와 사상을 함께하는 친구라고 여겨온 루치아와 피에라가 완전히 다른 세상 사람처럼 느껴져 비참했다.

어느 날 밀라노에 온 안토니오가 특별한 곳에 데려가줄 테니 함께 피렌체에 가지 않겠느냐고 했다. 피렌체 역에서 차를 타고 무뇨네 강을 따라 북쪽으로 올라갔다. 다리 기슭에서 신호를 기다리는데 멈춰 서 있던 짐수레에 매인 당나귀가 엄청나게 큰 소리로 울어 깜짝 놀랐던 기억이 난다. 거기까지는 차로 갔지만(누가 운전했을까. 안토니오는 운전을 못했는데), 그다음 어디선가 전철을 탄 듯 철로 양쪽의 경치가 기억에 남아 있다. 오뉴월, 아름다운 초여름이었다. 전철이 점점 산에 가까워지자 조토의 그림이 떠오르는, 주황빛으로 메마른 언덕에 핀 금작화가 보였다. 겨울에는 평범한 푸른색이던 관목 무리가 이렇다 할 색이 없는 언덕 여기저기 화톳불을 피워놓은 듯 만발해서 갑자기 주변이 환해진 느낌이었다. 지네스트라, 수많은 시인이 마음을 담아 노래한 이 태양빛의 노란 들꽃 무리를 나는 숨죽여 바라보았다. 조금 더 가니 이번에는 나뭇가지가 휠 정도로 흐드러지게 핀 하얗고 커다란 아카시아 꽃송이를 지나쳤다. 연초록 이파리 사이로 아른거리는 하얀 꽃이 달리는 전차에 닿을 듯했고, 달콤한 향기가 열린 차창으로 들어와 열차 안을 가득 채웠다.

그 전철은 토스카나 산을 넘어 도자기로 유명한 에밀리아 지방의 파엔차로 향하는 노선이었는데, 우리는 도중에 마라디라는 산골짜기 역에 내렸다. 그곳에 사는 안토니오의 학창 시절 친구 어머니 집에 점심 초대를 받은 것이었다.

마라디는 토스카나 지방 최북단, 로마냐 지방 바로 앞의 (이탈리아를 남북으로 가르는) 아펜니노 산맥에 안겨 있는 산골 마을이다. 피렌체에서 70킬로미터가 채 안 되지만 문화사적으로는 볼로냐와 피렌체의 영향을 동시에 받아왔다. 색다른 작풍으로 이름을 알린 20세기 초엽의 시인 디노 캄파나의 고향으로 교과서에 언급될 뿐 이렇다 할 관광명소도 없고 간선도로에서 떨어져 있어 찾아오는 사람은 많지 않다.

당시 나는 시인 캄파나에 대해 거의 무지했지만 문학 교과서에서 읽은 그의 시행은 어딘가 「취한 배」의 랭보를 연상시키는 이탈리아 시에 드문 황홀감, 〈성 안나〉의 레오나르도 다 빈치를 닮은 요사스러운 어둠, 그리고 집요한 리듬의 마성 등으로 인상에 남아 있었다.

평생 분열증 발작에 시달리고 십사 년을 정신병원에 갇혀 있다 세상을 떠난 이 시인의 비극적인 생애를 알게 된 건 훨씬 나중의 일이다. 그가 분열증 징후를 보인 것은 고등학생 무렵으로, 발작이 일어나면 당시 상식으로도 엄청나게 먼 거리를 하염없이 혼자 걸어다니곤 했다. 마라디에서 파엔차, 포를리에서 볼로냐, 마라디에서 피렌체까지 험한 산길을 광기에 들려 걷다가 결국에는 이탈리아를 벗어나 파리로 갔으며, 나중에는 선원이 되어 오데사까지 방랑의 여행을 이어간 캄파나의 생애는 실로 드라마틱하다.

그중에서도 심금을 울리는 에피소드는 그가 오랜 세월에 걸쳐 완성한 시집 『오르페우스의 노래』 원고를 분실한 사건이다. 시적 재능을 인정받으려던 그는 작품 노트를 들고 당시 프랑스 사정을 잘 아는 평론가로 유명하던 아르덴고 소피치를 찾아간다. 그런데 얼마 후 소피치가 이사를 가면서 캄파나의 노트를 잃어버리고 만다. 맡긴 사람이 얼마나 절망했을지야 상상할 수도 없겠지만, 맡은 쪽도 제정신이 아니었을 것이다(물건 간수를 잘 못하는 나는 뭐가 안 보여서 찾을 때마다 이 이야기를 떠올리고 오싹함을 느낀다). 그 무렵 이미 정신병원을 들락거리던 시인은 그래도 있는 힘을 다해 기억을 쥐어짜 또 한 권의 『오르페우스의 노래』를 써낸다. 그것이 지금 볼 수 있는 『오르페우스의 노래』다. 소피치는 1964년 여든다섯을 일기로 세상을 떠났는데, 사후 그가 남긴 서류에서 캄파나의 노트가 발견되었다는 기사를 어디선가 읽은 것 같다. 만약 정말이라면 지금의 『오르페우스의 노래』와는 어떻게 다를까.

어쨌든 캄파나의 생애를 알게 된 것은 결혼한 뒤였고, 안토니오와 함께 찾아간, 초여름의 빛으로 흘러넘치며 사이프러스의 뾰족한 우듬지가 시퍼런 하늘에 우뚝 솟아 있던 마라디 어디서도 캄파나의 음울한 시나 박복한 생애를 떠올릴 수 없었다. 안토니오의 친구와 그의 어머니는 멀리서 온 우리를 정성껏 대접해주었고, 안토니오를 예뻐했다는 돌아가신 아버지 이야기나 지인들 이야기로 식탁에 이야기꽃을 피웠다. 아마 시인이 피투성이가 되어 광기와 씨름하던 나날도 고향 사람들은 이처럼 평온하고 유쾌한 식탁에 둘러앉아 있었을 것이다. 그리고 캄파나 집안의 미친 아들에 대한 소문을 소리 죽여 나누었으리라. 지금 캄파나에 대한 글을 읽을 때마다 나는 마라디에서 보낸 밝고 조용한 하루를 떠올린다.

밀라노 생활에 익숙해지면서 안토니오와 만날 기회도 줄었다. 피렌체에 갈 일도 없고, 남편이 서점에서 근황을 듣고 전해주는 정도였다. 여전히 건강하게 각지를 돌아다닌다고 했다. 어느 날은 누나 지나가 눈병이 나 피렌체의 병원에서 수술을 받았다는 이야기를 들었다. 다들 걱정했지만 나중에 또 누군가가 완쾌했다고 말해서 안심했다.

남편에게 삶의 마지막 해가 된 1967년, 중국 문화혁명에 자극받은 유럽의 젊은이들이 체제를 비판하고 나섰고, 밀라노 학생들은 앞장서서 기성 질서를 뒤엎는 데 몰두했다. 청년층 고객이 많았던 남편의 서점도 그 파도에 휩쓸렸고, 친구들 사이에서는 그들을 이해해야 한다는 의견과 서점을 정치의 장으로 만들지 말라는 의견이 대립했다. 양쪽 모두에게 힘든 시기였다. 피렌체에 있던 안토니오가 격앙한 학생에게 맞아 다쳤다는 소식도 들려왔다. 그가 일련의 상황에서 어떤 입장이었는지, 그를 구타한 학생의 사상 경향이 어땠는지는 듣지 못했지만, 남편은 온순한 성격의 안토니오가 중간 입장에서 괴로워하고 있진 않을지 걱정했다.

그런 혼란이 한창일 때 남편은 병을 얻어 손쓰지도 못한 채 죽고 말았다. 성당에서 운구 행렬이 나가는데 누군가가 안토니오다, 하고 말했다. 주변 사람들이 길을 터주자 땀으로 흠뻑 젖은 안토니오가 서 있었다. 손에는 반쯤 시든 커다란 금작화 다발이 들려 있었다. 네가 좋아하던 거다, 하고는 뒷말을 잇지 못했다.

그것이 안토니오와의 마지막 만남이었다. 얼마 후 그가 아르헨티나로 이주했다는, 좀처럼 믿기 힘든 소문이 들렸다. 아르헨티나에서 젊은 여자와 결혼했다는 이야기도 있었다. 이제 이탈리아로 돌아오진 않을 거야. 그 친구는 피렌체의 정치운동에 아주 넌더리를 냈거든. 그렇게 말하는 사람도 있었다. 그리고 어느 날 생각지도 못하게, 그가 심장발작으로 급사했다는 소식이 날아들었다.

아침 안개 속을 가로막고 서 있던 루카의 대성당을 잊을 수 없었던 나는 일본으로 돌아온 뒤에도 다시 한번 그 도시를 방문하고 싶었지만 좀처럼 기회가 닿지 않았다. 그러던 어느 날 이탈리아 감독 타비아니 형제가 만든 영화 〈굿모닝 바빌론〉을 봤다. 1930년대 공황기에 피사의 대성당을 복원하던 기술자 일가가 도산하고, 형제 중에서도 아버지가 각별히 아끼고 장래가 유망하던 막내와 바로 위 형이 미국으로 건너가 갖은 고생 끝에 할리우드 무대장치 분야에서 성공을 거두지만, 2차 세계대전에서 둘 다 전사하고 마는 이야기였다. 작품의 라이트모티프로 피사 대성당, 즉 키에사 데이 미라콜리(기적의 성당)의 파사드가 여러 차례 등장한다. 이 성당은 갈릴레오 갈릴레이의 진자 이론과 관계있는 건물로 유명한데, 피사 로마네스크라는 독특한 양식의 완성형으로도 통한다. 영화에서는 캘리포니아에 정착한 형제가 어려움에 봉착할 때마다 이 파사드와 건축에 몰두하던 선조의 이미지(정확히 갈릴레이 시대의 복장을 한)가 그들 눈앞에 나타난다. 궁지에 몰린 한 장면에서 둘은 자신들을 괄시하는 미국인에게 "우리 선조는 피사와 루카의 대성당을 지은 사람들이야!"라고 외친다. 영화 첫 부분에는 크고 하얀 꽃이 떠오르는 피사 대성당의 파사드가 나오고, 마지막에 전장에서 죽어가는 두 사람의 뇌리에 떠오르는 것도 당연히 그 이미지다.

그 이듬해였나, 여름휴가를 피렌체에서 보내게 되었다. 어느 날 친구가 자동차로 피사에 데려가주었다. 오랫동안 이탈리아에 살면서도 피사는 가본 적이 없었다. 고작해야 학생 시절 제노바에서 로마로 가는 전철 차창 너머로 그 유명한 사탑 꼭대기 부분을 엿보았을 뿐이다. 진작부터 루카를 다시 한번 찾고 싶었던 나는 돌아가는 길에 꼭 들르자고 친구에게 부탁했다.

근사한 피사 대성당과 신비로운 사탑(탑 아래에서 올려다보기만 해도 현기증이 나서 도저히 올라갈 엄두가 나지 않았다), 화려한 세례당은 물론이거니와, 영화에 나왔던 캄포산토(성역)라는 묘지의 흰 담장 행렬에도 눈이 휘둥그레졌다. 이런 백색의 향연을 같은 백색 담장으로 가름하여 초록빛 풀밭에 펼쳐놓은 뛰어난 공간 설계에 감동했다. 파란 하늘에 건물의 잔상이 비치는 것처럼 보일 만큼 그 인상은 강렬했다.

피사를 뒤로하고 염원하던 루카에 도착한 것은 오후 세시가 지나서였다. 세르키오 강 연안에 형성된 루카는 예로부터 농산물 집산지로 번영했지만 지금은 그저 평온한 지방도시다. 그래도 몇몇 유적이 남아 있어서 하나씩 찾아다녀보았다. 피아차 델 메르카토(장이 서는 광장)로 불리는 고대 로마의 경기장 터는, 20세기 초까지 로마 콜로세움이 그랬듯, 관람석에 해당하는 부분이 아직 주택으로 사용되며 당연한 듯 사람이 살고 있어 흥미로웠다. 로마 시대 유적 하니 말인데, 중세나 르네상스의 흔적이 먼저 눈에 띄는 토스카나 지방에서 이 도시는 오래된 성벽에 둘러싸여 있다는 것도 특이했다. 그러나 가장 뜻밖이었던 것은, 이름이 생각나지 않는 루카의 번화가가 아르누보 디자인으로 가득

하다는 점이었다. 우리가 들른 커피숍에도 놋쇠와 대리석을 아낌없이 사용한 1920년대 장식이 그대로 남아 있어 눈이 즐거웠다. 피렌체 출신 친구도 그러고 보니 1차 세계대전 후 이곳이 한때 호황을 누리긴 했지만 이 정도일 줄은 몰랐다며 신기해했다.

무슨 일이 있어도 보겠다고 마음먹었던 대성당은 성벽 근처의 다소 쇠락한 지역에 있었다. 하지만 바로 전에 피사의 화려한 건축을 봐버린 탓일까. 오래전 그 아침, 안개 속에서 환영처럼 가물거리던 파사드는 없었다. 건축 도중 자금이 끊겼는지 대성당의 파사드는 미완성 상태였고, 지붕 한쪽이 기울어 탑이 주저앉은데다 좌우 균형도 맞지 않아 예전에 내가 받았던 압도감과는 거리가 멀었다. 게다가 대성당 앞 광장은 도저히 버스가 지날 수 없는 넓이였다. 버스 창문 너머로 본 옛 기억은 그저 착각이었을까. 그래도 내 귀에는 "루카다, 대성당이야"라던 안토니오의 살짝 쉰 목소리가 또렷이 남아 있었다.

어떻게 된 걸까, 나는 동요했다. 혹시 대성당이 아니라 다른 성당을 봤던 것일까. 어딘가에서 기억이 잘못된 걸까. 아니면 안토니오가 잘못 말해준 걸까. 그후에 찾아간, 마찬가지로 피사 로마네스크 양식의 파사드가 버티고 선 산미켈레 성당은 대성당에 비하면 다분히 완성도가 높았다. 그렇다면 그날 아침 안개 속에서 본 것은 이 성당일까. 그러나 이곳은 검은색 대리석을 무늬처럼 사용해 피사의 대성당처럼 새하얀 인상이 아니었다. 대체 어떻게 된 일일까.

아니다, 나는 생각했다. 이것으로 충분하다. 나에게 루카의 대성당이란 그날 아침 안토니오와 버스 창문 너머로 본, 안개 속에 환영처럼 나타난 로마네스크의 파사드다. 그것이 안토니오와 나의 루카다, 라고.

"루카다, 대성당이야"라고 속삭이던 쉰 목소리와 안개 속에 홀연히 나타난 하얀 로마네스크 양식 파사드, 그리고 관 위에 놓인 금작화 다발을 추억으로 남기고, 안토니오는 이야기가 끝나면 사라지고 마는 영화 속 인물처럼 먼 나라 먼 시간의 사람이 되어버렸다.

후기

죽어버린 것의, 잃어버린 고통의,
은밀한 만남의, 말로 할 수 없는
한숨의,
재

_움베르토 사바, 「재」에서

순수한 시간만 따지면 육십 평생에 십삼 년은 그다지 긴 시간이 아닐지도 모른다. 그러나 이탈리아에서 보낸 십삼 년은 내 안에 지울 수 없는 궤적을 남겼다. 이십대 말에서 사십대 초, 인생의 한창때였기 때문인지도 모른다.

이십 년 전 일본으로 돌아왔을 때 여러 사람에게 이탈리아에 대한 글을 써보라는 권유를 받았다. 나 역시 그러고 싶었으나 어떻게 하면 나만의 글을 쓸 수 있는지 몰라 시간만 보냈다. 그러던 어느 날 체데르나의 책을 읽다가 문득 쓸 수 있겠다는 생각이 들어 친구 스즈키 도시에게 이야기하면서 이 글이 시작되었다.

책이 있었기에 이 페이지들을 채울 수 있었다. 늦은 밤 잠들기 전 별생각 없이 읽은 책, 연구를 위해 제법 고생하며 읽은 책, 세상을 떠난 이와 함께 읽으면서 각자의 언어 세계를 확인했던 책, 번역이라는 즐겁기 그지없는 게임의 과정에서 알게 된 책. 나는 그것들을 통해 내가 사랑한 이탈리아를 돌아보았다.

그리고 무엇보다도 이 책은 존경하는 친구들의 지지와 격려가 있었기에 출간될 수 있었다. 언젠가 완성되기를 오랫동안 믿고 기다려준 스즈키 도시에 씨, 자신 없던 나에게 쓸 수 있다고 몇 년 동안이나 용기를 주며 이 책을 기획해준 하쿠스이샤의 시바야마 히로시 씨, 성가신 원고 정리를 도맡으며 여러 귀중한 조언을 건네준 후지나미 겐 씨에게 말로 다할 수 없는 감사의 마음을 전한다.

지금은 안개 너머의 세계로 가버린 친구들에게 이 책을 바친다.

스가 아쓰코

옮긴이 **송태욱**
연세대학교 국문과를 졸업하고 같은 대학 대학원에서 문학박사 학위를 받았다. 도쿄외국어 대학원 연구원을 지냈다. 지은 책으로 『르네상스인 김승옥』(공저)이 있고, 옮긴 책으로 『십자군 이야기』(전3권) 『세설』 『잘라라, 기도하는 그 손을』 『나는 고양이로소이다』 『환상의 빛』 등이 있다.

문학동네 세계문학
밀라노, 안개의 풍경

1판 1쇄 2017년 3월 6일 | 1판 4쇄 2024년 8월 15일

지은이 스가 아쓰코 | 옮긴이 송태욱
책임편집 양수현 | 편집 황문정 박아름 | 독자모니터 이지수
디자인 최정윤 이원경 | 저작권 박지영 형소진 최은진 오서영
마케팅 정민호 서지화 한민아 이민경 안남영 왕지경 정경주 김수인 김혜원 김하연 김예진
브랜딩 함유지 함근아 박민재 김희숙 이송이 박다솔 조다현 정승민 배진성
제작 강신은 김동욱 이순호 | 제작처 한영문화사(인쇄) 경일제책사(제본)

펴낸곳 (주)문학동네 | 펴낸이 김소영
출판등록 1993년 10월 22일 제2003-000045호
주소 10881 경기도 파주시 회동길 210
전자우편 editor@munhak.com | 대표전화 031) 955-8888 | 팩스 031) 955-8855
문의전화 031) 955-1927(마케팅) 031) 955-1917(편집)
문학동네카페 http://cafe.naver.com/mhdn
인스타그램 @munhakdongne | 트위터 @munhakdongne
북클럽문학동네 http://bookclubmunhak.com

ISBN 978-89-546-4321-4 03830

잘못된 책은 구입하신 서점에서 교환해드립니다.
기타 교환 문의 031) 955-2661, 3580

www.munhak.com